Afric[...]
n°47, avril 2002

Dossier

Islam, croyances et négritude dans les cinémas d'Afrique

Un dossier réalisé par Michel Amarger, M'Bissine Diop et Catherine Ruelle - Scripts : Delphine Berger

Rebonds

Couverture : *Yeelen*, de Souleymane Cissé, DR

Editorial

Les chemins de la relation

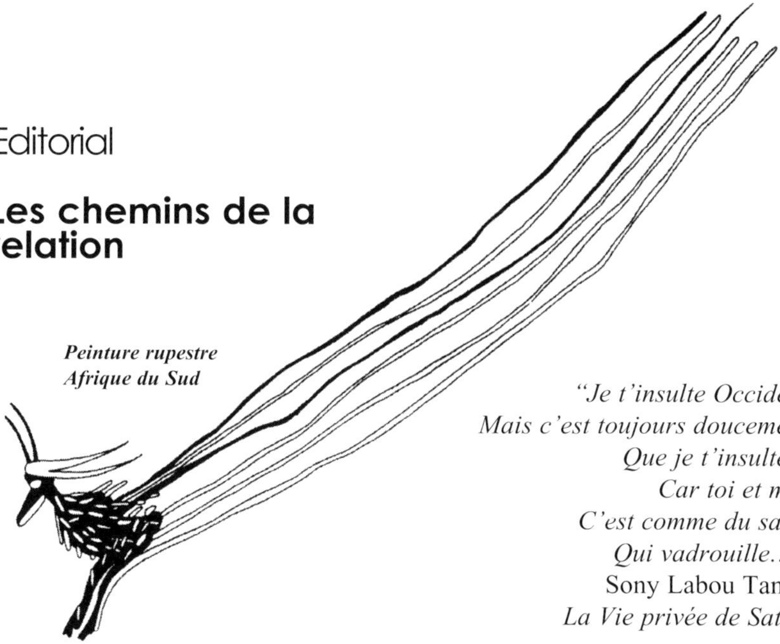

Peinture rupestre
Afrique du Sud

"Je t'insulte Occident
Mais c'est toujours doucement
Que je t'insulte –
Car toi et moi
C'est comme du sang
Qui vadrouille..."
Sony Labou Tansi,
La Vie privée de Satan

On a pas fini de reparler du 11 septembre. Ceux qui n'y ont vu qu'un petit malheur face aux grands malheurs des pays du Sud se sont bornés à la lorgnette d'une douteuse comparaison. La destruction des Tours jumelles pose plus crûment qu'aucun autre événement la question du fondamentalisme contemporain – et à travers lui celle de la religion et du sacré.

Le Sud rappelle à l'Occident sécularisé qu'il ne peut évacuer aussi facilement les questions immémoriales, qu'il ne peut refuser de les penser. Nous ne revendiquerons bien sûr aucune légitimité pour le terrorisme aveugle et ne nous alignerons surtout pas sur les "c'est bien fait pour eux" entendus par-ci par-là. Reconnaissons simplement qu'il participe, parmi un ensemble de démarches moins spectaculaires comme les forums anti-mondialisation, d'un questionnement essentiel posé au Nord dans sa propension au suicide mondial.

Les observateurs ont insisté sur le fait que le 11 septembre venait rappeler aux Etats-Unis qu'ils ne sont pas seuls et ne peuvent prétendre dominer économiquement la planète sans une responsabilité écologique et géopolitique qui dépasse leurs seuls intérêts. Combien de temps pourrons-nous continuer, sans mettre en danger le monde, à jouer les Narcisses ? Car confondre son image et soi-même revient à évacuer ce tiers présent, cet autre dérangeant, le hors-norme, l'étranger en soi ou dans la société, le différent. C'est "l'axe du Mal" : on définit la cible, on diabolise des nations (le public comprendra des peuples) qui vont incarner ce qu'on refuse. Et on déclenche la violence.

Dès lors, les cultures de l'ailleurs posent face à cette négativité racine de violence un immense défi : elles contraignent les cultures du Nord à se regarder de l'intérieur. C'est quand on s'interroge sur sa propre identité qu'on peut se reconnaître en l'autre. Le cinéma joue en cela un rôle primordial : l'image rompt le narcis-

Africultures

Rédaction :
Les Pilles - F - 26110 Nyons
Tel : ++33 (0)4 75 27 74 80
Fax : ++33 (0)4 75 27 75 75
E-mail : redaction@africultures.com

Directeur de la publication : Alexandre Mensah

Responsable de la rédaction : Olivier Barlet

Comité de rédaction :
Arts plastiques : Jacques Binet, Virginie Andriamirado, M.Isabelle Merle des Iles, Alexandre Mensah
Cinéma : Olivier Barlet
Danse : Ayoko Mensah
Diaspos : Soeuf Elbadawi
Musique : Samy Nja Kwa, Gérald Arnaud, Luigi Elongui
Littérature/édition: Fayçal Chehat, Boniface Mongo-Mboussa, Taina Tervonen
Photographie : Héric Libong
Théâtre : Sylvie Chalaye

Photothèque : Corinne Julien - 01 43 57 52 41
info@afriphoto.com

Rencontres Africultures : Alexandre Mensah
01 45 07 97 29 - alexandre.mensah@wanadoo.fr

Site internet : www.africultures.com
Anne Mbaye, Jean-Marc Mariani, Julien Cohen

Site anglais : Melissa Thackway, Allyson McKay

Maquette : Julien Cohen, Jean-Marc Mariani

Rédacteurs associés :
Abidjan : Tanella Boni, Jean-Servais Bakyono
Antananarivo : Pierre Maury
Bamako : Adama Traoré, Moussa Konaté
Brazzaville : Jean-Luc Aka Evy, Patrice Yengo
Cotonou : Camille Amouro
Dakar : Oumar Sall, Iba Ndiaye Diadji
Djibouti : Idris Youssouf Elmi
Douala : Yvonne Monkam
Johannesburg : Sabine Cessou
Kinshasa : Marie-Louise Mumbu Bibish
Londres : Marie-Christine Eyene
Madrid: Landry-Wilfrid Miampika
Martinique : Nady Nelzy
Nairobi : Kimani wa Wanjiru
New-York : Marième Daff
Niamey : Alfred Dogbé
Ouagadougou : Jacques Guégané
Port au Prince : Jean-Claude Fignolé
Tunis : Ahmed Rahal

Diffusion : Editions L'Harmattan
5-7, rue de l'Ecole-Polytechnique - F -75005 Paris
Amériques : L'Harmattan inc., 55, rue Saint-Jacques
Montréal (Qc) - Canada H2Y 1K9

Abonnements : voir dernière page

Vente au numéro : en librairies ou à L'Harmattan (+ 1,22 € port).

n°47 - ISBN : 2-7475-1861-2
ISSN : 1276-2458
Commission paritaire : 1203G74980

Revue publiée avec le concours du Centre national du Livre et du F.A.S.

sisme ; elle restaure le miroir. On se reconnaît en reconnaissant l'autre en soi. Le cinéma repose ainsi la question du tiers absent et remet sans cesse sur la table la question du sacré.

Ce qui fait des kamikazes du 11 septembre des combattants d'arrière-garde, c'est le manque d'abstraction de leur vision de Dieu, et en cela leur manque de modernité. Le cinéma, au contraire, restaure le mythe, l'incertitude, le doute, il interroge les valeurs, questionne l'amour, la part divine en chacun. Qu'il s'agisse d'en dénoncer les déviances et les abus ou d'en magnifier l'empreinte culturelle, les cinémas d'Afrique, en se saisissant des religions et des croyances, mettent l'accent sur la part manquante de l'individu. Plutôt que de remplir, de bourrer, d'étouffer pour conjurer l'angoisse du vide, les cinémas d'Afrique acceptent l'écart du miroir, osent poser la question du sacré, pour conjurer la négativité. Loin de prêcher pour ou contre une chapelle, ils ouvrent ainsi une fenêtre, celle du dépassement de l'illusion, celle de la reconnaissance de l'autre et de la relation possible entre les humains.

Le sujet est immense et nous comptons bien revenir sur la question du sacré dans les expressions culturelles africaines. Ce dossier est une étape, une contribution proposée par le Festival Racines noires (avec qui nous avions déjà publié en 2001 "La geste musicale dans les cinémas noirs", *Africultures* n°37 et que nous avions accompagné en 2000 avec le dossier "Acteurs noirs" – *Africultures* n°27). Il documente un sujet méconnu dans le domaine du cinéma, avant les plus amples réflexions qu'induisent les brûlures de ce début de siècle.

Olivier Barlet

Dossier

Islam, croyances et négritude dans les cinémas d'Afrique

Un lien intime

par Catherine Ruelle

Chaque année, l'Association *Racines* présente une autre image de l'Afrique. En 2002, "l'Afrique et ses religions, regards de cinéastes" est une programmation itinérante, présentée à Paris et en Ile de France, mais aussi dans le cadre de *Périplans* à Lille, Douai, Dunkerque et dans le cadre du festival *Black Movie* à Genève, en partenariat avec *Africultures*.

L'enjeu ? Mieux comprendre l'Islam et les religions telles qu'elles sont vécues et pratiquées en Afrique et dans les communautés immigrées en Europe.

L'occasion de montrer, aussi, un autre visage de l'Islam : l'Islam noir.

Islam, croyances et négritude

L'actualité (11 septembre, guerre en Afghanistan) a provoqué en Occident beaucoup d'interrogations sur l'Islam, sur son rôle et sur son influence dans le monde contemporain. Des interrogations qui prolongent un questionnement plus général sur les religions, les croyances de toutes sortes, les sectes et leur influence en Europe.

Ces questions, les cinéastes africains se les sont posées dès les premières années d'existence des cinémas d'Afrique. Il y reviennent actuellement avec insistance.

De quoi nous permettre de trouver des repères dans un monde déboussolé, car le continent africain n'est-il pas, à cet égard, le laboratoire du monde à venir ?

L'Islam ou le Christianisme, religions importées, s'y sont superposées à d'autres cultes plus anciens, mais toujours vivants, regroupés sous le terme générique d'animisme.

Quelle influence ces diverses religions exercent-elles dans la vie de tous les jours, comment influent-elles sur les destins des peuples, comment s'opère leur fusion ?

Des questions que les cinéastes africains ont mis au cœur de leurs films.

Critique des religions

Mahama Traoré au Sénégal, à travers *Njangaan*, en 1974, ou Souleymane Cissé au Mali, dans *Cinq jours d'une vie* en 1973, dénonçaient déjà (sans que leur voix ait été entendue) les dangers de l'utilisation de la religion musulmane par des hommes sans scrupule, le fanatisme religieux ou l'inadéquation de l'éducation religieuse face au monde moderne. A peu près au même moment, Oumarou Ganda au Niger dans *Le Wazzou*

RACINES

Sa andi a anda a anda, si tu sais que tu ne sais pas, tu sauras
Sa anda a anda a andata, si tu ne sais pas que tu ne sais pas, tu ne sauras rien !

Amadou Hampâté Bâ

L'Association ***Racines***, présidée par Catherine Ruelle, productrice de l'Actualité du cinéma sur **RFI**, est née en 1984, autour des idées de partage, de transmission, de devoir de mémoire aussi.

C'est le sens de notre démarche, assurer la sauvegarde, la transmission et la diffusion du patrimoine artistique du Monde Noir. C'est ce qui nous pousse année après année, à remettre nos pas dans les mêmes sillons cinématographiques et artistiques.

C'est ce qui nous aide à ne pas oublier les anciens, à ouvrir des pistes nouvelles ou à explorer des voies trop longtemps oubliées.

C'était le sens de la première **Rencontre des Cinémas du Monde Noir** en 1985. C'est toujours le sens des Rencontres 2002 : défricher, réfléchir ensemble, dépasser la surface, transmettre ; la passion intacte.

Racines Noires - 5 rue Taylor - 75010 Paris - 01 42 38 19 06

Racines Noires, Rencontres des Cinémas du Monde Noir 2002 : Islam, croyances et négritude

Un programme en 10 films, accompagnés de débats en présence de réalisateurs, journalistes ou historiens.

Ils sont présentés en mars 2002 à Genève, en partenariat avec le festival Black Movie, en avril 2002, en partenariat avec Périplans dans le Nord de la France et à Paris (Cinémas L'Entrepôt, L'Archipel, Cinéma des Cinéastes), Créteil (Cinémas du Palais), Malakoff (Cinéma Marcel Pagnol), Chatenay Malabry (Cinéma le Rex), Saint-Denis (Cinéma de l'Ecran) ainsi que dans des salles de province, au cours de l'année.

Partenaires : CNC, Ministère de la Culture – département des affaires internationales, FAS, DRAC Ile-de-France, Ministère des Affaires étrangères, Mairie de Paris

Yeelen, de Souleymane Cissé, DR

polygame et *Saïtane* se moquait en 1972 des faux "marabouts" tenants des religions ancestrales et de leurs faiblesses en matière sentimentale et matérielle !

Choc des cultures

Ousmane Sembène a consacré en 1976, un de ses films majeurs au choc des religions : *Ceddo* se situe au 17ème siècle, à un moment ou christianisme et Islam pénètrent en Afrique de l'Ouest. L'Islam se heurte au refus des Ceddos pour lesquels adhérer à l'Islam signifiait renoncer aux valeurs spirituelles africaines.

De même Jean-Michel Tchissoukou se posait en 1979 dans *La Chapelle* la question du choc entre christianisme et religions traditionnelles dans les années trente. Thème traité aussi par Roger Gnoan M'Bala, dans *Bouka* en 1988. Le même réalisateur fustigeait d'ailleurs en 1993 l'influence des sectes sur la société ivoirienne avec *Au nom du Christ*.

Ce sont des critiques, virulentes, qui portent sur l'utilisation de la religion à des fins mercantiles ou politiques mais non sur la foi ou le sens du sacré en tant que tel.

La notion du sacré

Le sacré en Afrique est vécu intimement, par chacun, dans le moindre acte de la vie quotidienne. Rien d'étonnant à ce que des cinéastes aient voulu explorer les liens profonds des religions avec une terre, un milieu, une société donnée.

Blaise Senghor, dès 1962 évoquait dans *Grand Magal à Touba* l'Islam noir, porteur de paix et de tolérance, né du syncrétisme entre Islam et négritude, au sein des confréries soufies du Sénégal. Une quête poursuivie par Félix Samba N'Diaye, ou Maguette Diop dans des documentaires consacrés à la confrérie mouride.

Ce lien intime et vital entre les êtres et le monde qui les entoure apparaît comme une évidence dans *Kaka Yo* (1982) du Congolais Sébastien Kamba, ou dans *Yeelen* (1987) de Souleymane Cissé, qui évoque l'initiation d'un jeune Bambara dans une famille de féticheurs.

Flora Gomes dans *Po di Sangui* en 1996 explorait de manière symbolique la spiritualité africaine, à travers la gémellité, moteur de nombreuses cosmogonies africaines, et les arbres aux âmes.

D'autres films, comme *Yiri Kan* du Burkinabé Issiaka Konaté ou *Le Prix du pardon* du Sénégalais Mansour Sora Wade, évoquent ce lien intime entre les vivants, les ancêtres et la nature, liens qui peuvent, comme le montrait Ababacar Samb dans *Kodou* en 1971, sauver les êtres de leur déchirement.

Catherine Ruelle © Olivier Barlet

Remerciements : Jeanick Le Naour de l'ADPF, Isabelle et Gérard de la documentation de Radio France Internationale ainsi que la sonathèque de RFI.

Contre l'Islam dogmatique

Entretien avec Mahmoud Ben Mahmoud

Dans son long métrage documentaire "Mille et une voix soufies", le réalisateur tunisien Mahmoud Ben Mahmoud, auteur de "Siestes grenadine", plaide pour un Islam libéral et intérieur.

Pourquoi ce film ?
A l'origine, c'était une commande de Arte s'inscrivant dans le cadre d'une trilogie consacrée aux musiques sacrées, via la société de production parisienne Artline qui m'avait appelé pour remplacer au pied levé le documentariste qui devait tourner ce film : Omar Amiralay, cinéaste syrien, qui avait d'autres engagements. On m'avait remis le scénario d'origine que j'ai dû évidemment me réapproprier en quelque sorte. Venant de la fiction, il fallait y introduire une touche personnelle, voir autobiographique, un point de vue à moi si vous voulez, qui était de situer le point de départ dans la mémoire mystique de mon père.

A l'origine, le film ne portait pas sur les Soufis ?
Non, mais la vérité est qu'il n'y a pas de musique liturgique en Islam, il n'y a pas de liturgie, il n'y a pas d'office religieux comme on en trouverait chez les chrétiens, ou chez les juifs. Le soufisme a pris en charge la quasi totalité de ce qui s'apparenterait à une musique religieuse ou à des chants religieux, car la célébration de base chez les musulmans est extrêmement austère et dépouillée. En dehors de l'appel à la prière, du rituel quotidien de la prière elle-même, qui sont davantage des traditions que des obligations sacrées, pas de rituel de type liturgique. Le Soufisme à pris en charge ce patrimoine et l'a fait évoluer, avec des variantes selon les pays et les cultures musicales. D'où les différences et en même temps cette grande unité entre ce que l'on pourrait écouter au Sénégal et ce qu'on pourrait écouter en Inde, par exemple.

C'est un voyage que vous proposez en fait à travers mille et un voix, mille et une musiques, et mille et une cultures pour reprendre le titre du film ?
Oui tout à fait, et d'ailleurs je sais qu'il y a quelques grands absents dans ce film. Le défi était de ne pas donner un sentiment de lassitude. Il fallait avoir comme critère de base l'extrême variété des mélodies et des sonorités de l'Islam. J'ai donc choisi aussi les pays en fonction de leur spécificité musicale, de leur propre patrimoine musical antérieur à l'Islam et ce en quoi il a influencé la célébration du culte musulman à travers notamment les confréries soufies. Mais c'est vrai que j'aurais bien voulu aller en Iran, au Maroc, et même en Europe de l'Est, en Europe centrale, en Bosnie par exemple. Il y a là encore des richesses à explorer et des variétés.

dossier

Quelle différence entre les confréries soufies et l'Islam ?
La différence principale, c'est que le Soufisme privilégie un cheminement spirituel privé, qui n'engage que la relation directe entre le créateur et sa créature. Il ne reconnaît pas de médiation institutionnelle. Il ne reconnaît pas de clergé, même si en Islam il n'y a jamais eu de clergé. En tout cas, il n'y aucune espèce d'ambition ou de projet politique pour gérer la société.

C'est donc un pouvoir spirituel ?
C'est spirituel, mais c'est un pouvoir privé, comme on parlerait d'idéologie privée. Et les voix ou les moyens de célébration de cette relation directe avec Dieu sont des moyens pour le coup éminemment artistiques puisqu'il reposent sur le chant, la musique, la danse, la transe voire sur la relation sexuelle puisque l'amour physique peut être considéré comme la voie royale vers Dieu. Donc, c'est un Islam des sens, un Islam de l'émotion, un Islam de l'intériorité, en un mot un Islam de l'extase. Et il n'y a aucune place pour une pratique coercitive. C'est un Islam très libéral, très tolérant. D'ailleurs, mon équipe à dominante européenne peut témoigner de l'accueil et de l'ouverture d'esprit dont elle a été l'objet que ce soit au Sénégal, en Inde, en Egypte, en Tunisie, lorsqu'elle a eu affaire à des confréries soufies.

C'est un Islam sans fous de Dieu ?
Le prophète avait distingué deux formes de Djihad, le grand Djihad et le petit Djihad. Le grand Djihad, c'est celui des Soufis, c'est celui qui prend pour cible sa propre intériorité, son propre moi pour l'améliorer.

Une bataille contre soi-même ?
Oui, pour atteindre la perfection. Le petit Djihad c'est celui qui est aujourd'hui glorifié par les Islamistes et l'Islam politique et qui est recommandé aux musulmans quand ils doivent se défendrent vis-à-vis d'une agression extérieure. Mais le grand Djihad qui a été vraiment défendu et privilégié par le prophète, celui-là forcément est mis en veilleuse parce qu'il est beaucoup plus difficile à pratiquer dans la mesure ou il prend pour cible l'imperfection qu'il y a dans l'être humain ou les imperfections qu'il essaye de corriger, pour atteindre Dieu justement. Et c'est ce Djihad là qui est un Djihad intérieur, privé, tourné vers soi-même pour s'améliorer qui est le principe même sur lequel se fonde le Soufisme.

Ces confréries soufies existent-elles depuis Mahomet ?
Dans la foulée, en tout cas ; on considère que le Soufisme en tant que confrérie, courant parallèle de l'Islam, a vu le jour autour du 8ème siècle de l'ère chrétienne. Il a commencé à avoir toute une série de ramifications à travers le monde musulman pour atteindre son apogée au 13ème siècle. Vous remarquerez dans le film que toutes les confréries dont je parle, et les saints fondateurs dont il est question, les plus importants dans le monde musulman, sont natifs du 13ème siècle sauf le saint de Touba du Sénégal qui est natif du 19ème, qui est un saint tardif !

Averoes, que Youssef Chahine dépeint dans "Le Destin", était-il soufi ?
Non, c'est plus quelqu'un qui ressemblerait à des philosophes fran-

çais de l'époque de Voltaire ou de Rousseau. Il est plus dans le profil d'un libre penseur. Sa démarche était moins spirituelle que rationaliste, et à ce titre avant-gardiste par rapport à l'époque. Il s'est heurté à l'extrémisme de par son parti-pris pour la lumière, pour la modernité et pour la rationalité. Ce n'est pas parce qu'il prônait un Islam privé et un Islam non politique. Mais les deux peuvent être les cibles de l'intégrisme. Vous savez que *Les mille et une voix* n'est pas concevable en Arabie Saoudite ; il n'y passera jamais. J'aurais même des ennuis, parce que la doctrine qui y triomphe depuis la fin du 17ème siècle et à laquelle nous devons la plupart des dégâts aujourd'hui est à l'origine de ce qu'on appelle l'Islam politique. Elle a commencé par prendre pour cible les confréries mystiques, justement parce qu'elle considérait qu'elles prônaient un Islam mou, un Islam esthétique en quelques sorte. Les confréries mystiques sont bannies en Arabie Saoudite et partout où vous avez des régimes de ce type. Tout ça pour dire que l'extrémisme musulman prend indifféremment pour cible le rationalisme et la lumière que l'Islam mystique qui privilégie la spiritualité sur le politique.

Les confréries soufies appartiennent-elles toutes au courant sunnite ?

Oui et non. Les sunnites considèrent que Ali a hérité du Prophète (qui était son beau père et son cousin) la tradition de l'Islam privé, de l'Islam spirituel. C'est vrai qu'il y a une dominante sunnite dans les confréries soufies mais vous avez des confréries chiites comme celle que j'ai filmé en Inde. La tradition (non pas soufie mais celle extravertie de la célébration du rituel dans sa version musicale, chantée, voire dansée) voudrait qu'elle appartienne davantage à l'Islam sunnite du fait qu'Ali à hérité du Prophète la recommandation de la litanie extériorisée et non pas intériorisée.

De ces confréries soufies, on ne connaît en Occident que quelques images : les derviches tourneurs en Turquie par exemple.

Vous savez, ces confréries sont toutes implantées en Occident, avec des adeptes, des cérémonies, des pèlerinages. Mais comme elles cultivent le secret, car c'est un Islam de retraite, un Islam monastique, elles ne sont que peu médiatisées, on ne les connaît pas. Le Soufisme est interdit en Turquie depuis Ata Turk car la confrérie des derviches était attitrée du pouvoir ottoman et du Sultan. Toutes les cérémonies depuis 1925 pratiquement à nos jours, se déroulent dans la stricte clandestinité. Ils ont été récupérés en tant que folklore pour amuser les touristes. Mais quand j'ai filmé, je me suis rendu compte que sous cette apparence de déracinement, les jeunes générations qui pratiquent en Turquie sont extrêmement fervents et croyants.

Au Sénégal, vous êtes allé au grand Magal, le pèlerinage des mourides à Touba et vous avez filmé non seulement la masse de gens qui arrivent mais aussi la place faite aux femmes.

Oui, mais ayant fait le film dans l'urgence, je n'ai pas réussi à le rééquilibrer au profit de la présence féminine. Avec du temps, j'aurais accordé une place plus importante aux confréries féminines ou à la branche féminine des confréries que vous avez vu dans le film. Car chez les mourides, la présence féminine est très importante, encore que pour dire la vérité, les femmes sont plus présentes et tolérées dans la branche dite rebelle des mourides qui est celle des Baye Fall que dans l'orthodoxie mouride elle-même où je n'ai pas remarqué de présence féminine dans les chœurs qui chantent ou dans les réunions religieuses, dans les rites d'une manière générale. C'est vrai que c'est un Soufisme assez austère, assez rigide, que l'on trouve parfois chez des gens qui ne sont pas Arabes au départ, qui sont musulmans seulement et qui pensent mériter davantage du centre historique du monde arabe en observant une certaine rigidité. Par contre, chez les Baye Fall, branche héritière de la tradition africaine à travers certaines pratiques animiste ayant survécu, la présence féminine est plus évidente et normalisée.

Ce film qui vous à été commandé vous permet de parler de votre rapport à votre père qui était un théologien, ce qui permet aussi de parler de la religion musulmane dont finalement on ne parle pas beaucoup dans les films.

On en parle dans le cinéma algérien à cause de l'actualité. Mais c'est çà le problème, c'est qu'aujourd'hui cette version vulgaire de l'Islam est la seule qui circule parce qu'elle fait l'actualité. L'autre Islam, discret voire secret, se retrouve encore plus marginalisé, à cause des slogans agressifs et revanchards brandis par l'Islam dogmatique. "*Les mille et une voix*" a connu une carrière inattendue au lendemain du 11 septembre. Il avait été projeté en première mondiale à Venise le 2 septembre sans autres échos que de gentilles invitations à venir présenter mon film à l'occasion d'un passage aux Etats-Unis. Et voilà qu'une semaine après, ces gens auxquels je n'avais même pas laissé mes coordonnées ont pris d'assaut l'e-mail du producteur dont le nom était dans le catalogue de Venise, pour lui dire que ce qui était un désir était devenu une nécessité. Depuis lors, une copie en version anglaise circule aux Etats-Unis.

Le fait que certains cinéastes étaient marxistes, modernistes ou influencés par la pensée occidentale n'a-t-il pas empêché beaucoup de cinéastes maghrébins ou africains de s'emparer de l'Islam ?

Maghrébins certainement vu que l'Islam est totalement absent de la culture et de l'éducation des cinéastes maghrébins que je connais. En matière de religion, que j'entend plutôt comme culture parce que je considère que la foi est une affaire privée, le fait que la quasi totalité des intellectuels ayant pignon sur rue n'ont aucun enracinement - ou si peu - dans la culture musulmane a engendré un déficit de compréhension et de nombreux malentendus. C'est ce qui a fait dire à certains journalistes arabes qu'il s'agissait d'un film presque plus utile à l'intérieur qu'à l'extérieur. Et il en va de même de la série sur le Prophète initiée par Arte. Il y a là une série de rétablissement fondamentaux plus urgents à communiquer à ceux qui se servent de l'Islam pour mettre des bombes qu'à des civilisations étrangères dont, après tout, ce n'est pas la tasse de thé !

propos recueillis par
Catherine Ruelle

L'Islam "cinéphile" de mon père

par Mahmoud Ben Mahmoud

Sans doute à cause des récents attentats qui ont frappé l'Amérique, commis au nom de l'Islam, j'ai ressenti pour la première fois comme une sorte de nécessité morale de faire le bilan de ma carrière à partir de mon appartenance à la culture islamique. En apparence, il s'agit là d'un paradoxe car les films que j'ai réalisés jusqu'ici, à l'exception du dernier, "*Wajd*" ou "*Les Mille et Une Voix*", qui traite des musiques de l'Islam, n'ont jamais eu qu'un rapport très lointain, et tout au plus culturel, avec la religion musulmane. Pourtant, en y regardant de plus près, je me dois bien de reconnaître que ma passion pour le cinéma, quand j'étais adolescent, aurait pu être étouffée dans l'œuf si elle avait eu à dépendre d'un Islam de type "wahabite", comme celui qui fait tristement parler de lui aujourd'hui.

L'Islam de mon père, lui, était libéral, et n'a jamais été un obstacle à ma carrière. Né dans une famille de théologiens, j'ai été le premier, depuis son arrivée en Tunisie à la fin du 17ème siècle, à vouloir suivre une autre voie que celle de l'étude des textes sacrés. Mon père m'y avait partiellement précédé en développant lui-même, à côté de son amour de Dieu et du prophète, celui du théâtre et de la musique, tant mystique que profane. Il devenait ainsi le seul religieux musulman à faire partie d'une troupe de théâtre et d'une chorale de chant, partageant sa vie entre la grande mosquée de Tunis et les cercles de comédiens et de chanteurs, aussi bien hommes que femmes, musulmans que juifs. Il poussa même l'audace jusqu'à devenir le répétiteur attitré de Habiba M'sika, actrice et cantatrice juive ayant notamment triomphé dans "*L'Aiglon*" d'Edmond Rostand, mais qui devait connaître une fin tragique puisqu'elle fut brûlée vive par son amant.

Comme on peut l'imaginer, l'implication de mon père dans un tel milieu faisait désordre, même au sein du clergé réputé tolérant de la Tunisie de l'époque. Mais le "Cheikh Ben Mahmoud" assumait publiquement sa passion pour les arts et acceptait volontiers que son fils en fut contaminé. Ce n'était, du reste, pas le dernier de ses "écarts", car je me souviens qu'il en avait troublé plus d'un en m'inscrivant dans un collège catholique pour y suivre mes études secondaires. C'est là, d'ailleurs, que j'ai fait mes premières expériences de théâtre scolaire, et qu'il venait me voir à chaque fin d'année, affublé de son turban et de son burnous blanc, pour m'applaudir dans "*Richard II*" ou dans "*Le Songe d'une nuit d'été*". A la même époque, il fréquentait encore assidûment les grands succès du cinéma égyptien et ne manquait jamais le dernier "Brigitte Bardot", "Shirley Mac Lain" ou "Gary Cooper", ses vedettes favorites.

Quelques années plus tard, c'est de son lit d'hôpital, peu avant de mourir, qu'il avait remué ciel et terre pour m'obtenir la bourse du gouvernement tunisien qui allait me permettre de partir étudier le cinéma en Belgique. Ce n'est d'ailleurs qu'une fois à Bruxelles que j'ai appris que l'Islam était, paraît-il, "iconoclaste". Cela m'avait fait sourire car ce n'était sûrement pas mon père qui aurait pu m'apprendre une chose pareille. Je ne sais pas si sa passion pour l'art était conforme aux recommandations de l'Islam, mais l'Islam de mon père, ou en tous cas la lecture ouverte et humaniste qu'il en faisait, est le seul que je connaisse et que je pourrais éventuellement revendiquer. Jamais un tel héritage dont je n'avais pourtant jamais fait cas jusqu'ici, ne m'était apparu soudain aussi précieux qu'en ce début tourmenté de 21ème siècle, tant pour ma conscience d'homme que pour celle de cinéaste.

Bruxelles,
le 6 février 2002

Mahmoud Ben Mahmoud
© Olivier Barlet

L'Islam noir n'est pas violent

Entretien avec Mahama Johnson Traoré

En 1975, Mahama Johnson Traoré réalise *Njangaan*, une critique des écoles coraniques au Sénégal à travers l'histoire dramatique d'un petit garçon que les parents confient à un marabout. Le film fut très attaqué. Pourtant, la situation qu'il dénonce persiste encore aujourd'hui.

Pourquoi ce sujet à l'époque ?

J'ai choisi ce thème, toujours d'actualité d'ailleurs, à cause d'un phénomène courant à Dakar, comme dans les autres grandes villes où l'Islam est dominant. On trouvait beaucoup de petits enfants, que l'on appelle aujourd'hui les enfants de la rue, des enfants mendiants, des enfants exploités. Le sujet était très préoccupant à l'époque. Il était absolument nécessaire d'attirer l'attention pour que les gens prennent conscience qu'au Sénégal, quelques années après l'indépendance, il y avait une forme d'exploitation des enfants, au nom de l'Islam, de la religion.

A l'époque, personne n'osait élever la voix. La religion musulmane est dominante dans nos pays africains et il est quasiment impossible d'en parler. C'est valable aujourd'hui, ça l'était encore plus en 1975. Pourtant la religion musulmane est très claire dans ses dispositions concernant la formation religieuse des enfants, ou le statut des femmes dans la société.

A la sortie du film, le cinéma évoluait dans un mouvement militant et marxiste fortement teinté d'un sentiment de libération nationale. Avez-vous été entraîné par des intellectuels occidentalisés, une volonté de choquer ?

Non, je n'ai pas été entraîné. Je n'ai pas voulu faire un film choquant. Il faut qu'on soit clair là-dessus, je suis moi-même musulman, croyant, pratiquant. Ce que je voulais dénoncer, c'est l'utilisation de la religion. Dans la pratique, les marabouts forment les enfants à la religion musulmane dans les écoles coraniques. Ils ne sont pas rétribués pour cela. Les parents qui envoient leurs enfants chez le marabout donnent ce qu'ils peuvent et il est dit que les enfants doivent aller chercher leur pitance. Mais c'est très clair, c'est une fois par semaine, généralement le vendredi. Dans de grandes ville comme Dakar, le vendredi jour de la grande prière, les musulmans font des offrandes, donnent à manger, à boire et même de l'argent.

Certains marabouts en profitent pour faire un "commerce" au détriment des enfants qu'on leur confie. Tous ces enfants qu'on voit dans les grandes villes africaines sont des enfants qui viennent de l'intérieur du pays avec leur marabout. Il s'installe quelque part et impose aux enfants d'apporter chacun 200 FCFA (0,30 euros) par jour. Dix gosses, ça fait 2000 FCFA et 20 gosses 40 000 FCFA. Plus il y a d'enfants plus la "recette journalière" augmente. C'est cette exploitation enfantine que je voulais dénoncer. En 1975, j'étais dans une équipe pluridisciplinaire, il y avait des sociologues, des psychologues et des cinéastes

Njangaan de Mahama Johnson Traoré

Njangaan est l'histoire d'un petit garçon talibé qui pourrait être l'histoire de n'importe quel autre petit garçon dans le monde. Mame, un jeune Sénégalais de onze ans, est envoyé à l'école coranique par son père pour y faire son éducation civique et religieuse. Très enthousiaste au début, il va vite déchanter car dans le "*daara*" (école coranique), il ne trouvera que les coups administrés par le maître coranique, la peur et la mendicité à laquelle les marabouts soumettent les enfants, contribuant ainsi à en faire de vrais délinquants. Mame tente de sortir de cet enfer en s'enfuyant mais il est ramené par son père soucieux des traditions et pressé de remettre la vie de son fils entre les mains de Dieu...

Finalement, le petit garçon trouvera la mort dans un accident de voiture, écrasé par un fonctionnaire beaucoup plus affecté par son "rendez-vous manqué" que par l'accident.

Njangaan est un film émouvant, occasion pour Mahama Johnson Traoré de dénoncer clairement l'exploitation de ces enfants par des marabouts sans scrupules. Ce phénomène très répandu au Sénégal mais aussi ailleurs en Afrique est malheureusement banalisé par la société. Avec ce film poignant et dérangeant, Traoré tire la sonnette d'alarme sur un problème social dont il faut enrayer la progression avant qu'il ne soit trop tard.

M'Bissine Diop

comme moi. Il y avait toute les disciplines sociales et nous pensions pouvoir réformer la société sénégalaise en attaquant les problèmes de fond. Nous n'avons peut être pas transformé la société sénégalaise mais nous avons quand même attiré l'attention des autorités administratives sur le phénomène. Mais aujourd'hui encore, en l'an 2002 que ce soit à Dakar, Bamako, Abidjan, Nairobi, là où la religion musulmane est dominante, on voit encore des enfants confiés à des maîtres coraniques qui les exploitent.

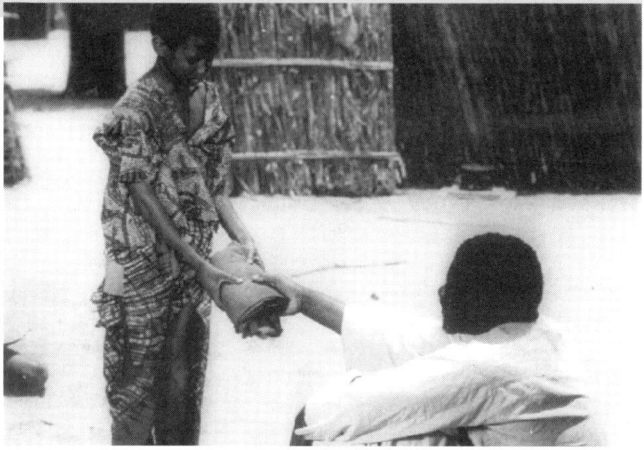

Njangaan, de Mahama Johnson Traoré, DR

A l'époque votre film a t-il été bien accueilli par le public ?

Le public a réagi très positivement, c'est plutôt les autorités administratives qui ont eu peur de leur réaction. Les gens ont commencé à débattre et c'est ce débat de fond qui a effrayé les autorités. Le film a eu quand même du mal à avoir une carrière normale parce que les autorités ne nous ont pas donné cette chance. Il y a eu un veto, une opposition, une censure contre ce film. Pour tout ce qui touche à la religion musulmane, beaucoup de gens, dans les pays du Tiers-monde, n'osent pas élever la voix parce qu'ils ont peur. Il ne faut pas oublier qu'il y a un lobby islamique très puissant dans tous nos pays.

Au niveau de votre famille, en tant que musulman avez vous rencontré des problèmes ?

Ça s'est bien passé car quand les problèmes se sont posés, j'en ai parlé librement avec les gens avec qui je devais en parler. Je leur ai expliqué que je n'attaquais pas la religion musulmane, et ils ont très bien compris. Que ce soit ici en Afrique ou au Moyen Orient, dans les pays censés être le berceau de l'Islam, il y a des gens qui au nom de cette religion font des choses impensables, qui n'existent pas dans le Coran.

J'ai eu des problèmes plus tard au nouveau de certains cercles religieux qui ont commencé à faire du lobbyisme, de la manipulation en disant que j'attaquais la religion, que je n'étais pas un bon musulman. C'est classique quand on veut éliminer un problème ! Mais la religion musulmane n'est pas une religion agressive, ce n'est pas une religion de mensonge. Il suffit de lire le Coran qui est traduit dans toute les langues.

Aujourd'hui, après les événements du 11 septembre et la diabolisation de l'Islam, feriez vous le film de la même façon ?

Ce serait différent car les problèmes de maintenant et ceux de l'époque ne sont plus les mêmes. Mais puisqu'on parle du 11 septembre, je crois qu'il faut s'attaquer à une autre idée qui est de présenter la vraie face de l'Islam qui n'est pas une religion menaçante. Ce n'est pas une religion qui dit qu'il faut tuer son semblable. Tout comme les marabouts africains se servent de l'Islam pour exploiter les enfants, les marabouts orientaux utilisent la religion à des fins personnelles. Le problème, c'est toujours l'utilisation de la religion. Ce qui s'est passé le 11 septembre est catastrophique sur le plan philosophique. Des hommes vont se tuer sous prétexte qu'ils vont au Paradis en devenant des martyrs : ça n'est écrit nulle part. Ceux qui le font trompent les gens qui sont avec eux. Le vrai travail est ailleurs : il faut attaquer de front les injustices dans le monde d'aujourd'hui.

Comment se fait-il qu'il n'y a pas plus de film sur ce sujet ?

Je ne peux pas répondre à la place des cinéastes africains. Je peux simplement dire que les cinéastes créent en fonction de leurs priorités. Je ne pense pas qu'il y a une crainte. Mais le cinéma, c'est du business. Vous investissez de l'argent et vous attendez en retour de l'argent. Il n'est pas évident qu'en faisant des films sur les religions on intéresse le grand public

Comme l'argent des films africains vient de l'Occident, les gens font des films où il n'ont pas de problèmes à affronter, que ce soit au niveau de l'administration ou au niveau de la société.

J'ai fait ce film en 1975 parce que je me suis rendu compte que les gens exploitaient d'autres gens au nom de la religion. Je pense qu'on a pas beaucoup avancé. A Dakar, je vois à quel point au nom de la religion, on fait très mal à une population faible et sans défense, des enfants. J'en vois beaucoup dans les rues au feu rouge en train de tendre la main. C'est presque un métier de mendier aujourd'hui. C'est quand même terrible d'en arriver là.

Comment avez vous construit le film, les personnages ?
Nous avons tourné le film dans le sud du pays en Casamance et au centre du pays dans la région de Thiès ou il existe une très grande école coranique. Ainsi nous avons eu la possibilité de travailler avec des "talibés". Les personnages n'ont pas été créés, c'étaient de vrais "*Njangaan*", comme on les appelle au Sénégal, chargés d'aller chercher la pitance pour manger et l'argent sonnant et trébuchant destiné au marabout. Mon équipe et moi-même avons pris énormément de précautions. Nous avons même engagé des gens qui avaient de l'influence dans les pays à l'époque et qui étaient des références en matière religieuse pour nous accompagner afin de parler avec la population quand nous étions là en train de tourner. Quand ça ne plaisait pas aux gens et qu'ils disaient "non, faut pas filmer ça !" nous expliquions notre démarche à ces médiateurs qui se chargeaient de leur faire comprendre.
Sur le plan esthétique je voudrais ajouter que je faisais partie d'un groupe. Nous venions d'arriver d'Europe où nous avions fait nos études. Nous étions en train de travailler sur une esthétique Africaine. Par exemple, il n'y a pas de musique dans le film. C'est une satire sociale qui essaye d'attirer le regard et la réflexion des gens sur un phénomène que nous côtoyons tous les jours et dont on finit par prendre l'habitude en se disant que c'est normal.
Si je devais refaire *Njangaan*, il est certain que j'aurais une autre démarche. Dans le film de 1975, nous voulions aborder tous les problèmes sociaux qui tournent autour de la religion. Prenons un exemple concret, la mère qui refuse que son enfant aille dans une école coranique. C'était une position très révolutionnaire dans ces années là, de la part d'une femme africaine. Mais il faut savoir que dans la religion musulmane, il est donné une très grande part de responsabilité et d'autonomie à la femme. Cependant cette autonomie n'est pas exercée au vu et au su de tout le monde mais à l'intérieur de la cellule familiale. Et croyez moi, quand une femme africaine dit non, il n'y a pas beaucoup d'hommes qui se permettront de dire le contraire !

Mais on ne le voit pas dans votre film. Le père exerce une grande autorité sur sa femme. Le jour de la mort de son fils on a l'impression qu'elle a à peine le droit de pleurer.
Effectivement, la mère n'a ni le droit de pleurer ni celui de se plaindre et c'est ce qui fait la force de la femme africaine (cela implique de connaître le fondement social sénégalais). Quant elle va se retrouver en tête à tête, la femme peut se permettre dans l'isolement de faire des remontrances à son mari, de lui dicter ses volontés. Dehors, le mari fera semblant que les décisions viennent de lui mais tout le monde sait que la nuit certaines choses ont été dites et que la femme a pris position. Nous n'avons pas été très loin dans cette théorie de la femme révolutionnaire car ce n'était pas notre sujet. Tout tournait autour des Njangaans, et de ce petit talibé qui va mourir.

Quelle est la spécificité de l'Islam noir ?
C'est important qu'il existe un islam spécifique noir car l'Islam est venu de l'Orient. On peut le considérer comme une force de pénétration, une force de colonisation - n'ayons pas peur des mots - qui, au fur et à mesure, a avancé dans les sociétés africaines noires en particulier. Les Africains se sont rendus compte que c'était une

Mahama Traoré à
l'époque de Njangaan, DR

Mahama Johnson Traoré

Mahama Johnson Traoré est né en 1942 à Dakar. Son père, chef d'entreprise, après lui avoir fait faire des études au Sénégal et au Mali, le destine à une carrière d'ingénieur électronicien. Dans ce but, il l'envoie en France et c'est dans un cours de travaux pratiques animé par un professionnel du cinéma que Mahama Johnson Traoré a la "révélation". Il veut non pas enregistrer les comédiens mais les mettre en scène et réaliser des films. Il s'inscrit aussitôt au conservatoire indépendant du cinéma français puis parachève ses notions théoriques par des stages à l'ORTF et dans des équipes cinématographiques italiennes et allemandes.

En 1968, il réalise son premier film, *Diankha-bi* , un moyen métrage en noir et blanc sur la situation de la femme au Sénégal. Le film obtiendra le grand prix du festival de Dinar. Son deuxième film en 1970 reste fidèle à son thème de prédilection : la femme. *Diegue-bi* met en scène un haut fonctionnaire qui, pour conquérir le cœur d'une courtisane, n'hésite pas à détourner les fonds de l'Etat. Le film remporta un énorme succès à Dakar.

Mais Traoré ne veut pas se cantonner dans un seul thème. Sa priorité est alors de faire des films sociaux et politiques pour amener le public africain à prendre conscience des problèmes primordiaux du continent. *Lambaay, Reou-takh* et *Njangaan* appartiennent à cette période d'engagement du fougueux cinéaste qui dira d'ailleurs à Cannes "Nous sommes à Cannes pour montrer nos films, pour montrer la réalité, les réalités de notre continent", lors d'un discours de soutien au film "Nous les sans-papiers de France", projeté dans le cadre du festival en 1997.

M'Bissine Diop

religion de paix. Les grands penseurs africains qui ont reçu à l'époque les paroles divines du Coran et qui se sont inspirés de cette religion ont instauré à travers les communautés noires un Islam spécifique. Les Africains ont adapté l'Islam et ont pris fait et cause pour l'islam non violent, un islam qui respecte l'autre, l'islam des grandes confréries soufies. Vous pouvez être noir, jaune, blanc, il n'y a pas de différence entre les hommes. Tous les hommes sont égaux devant Dieu. L'Islam n'a jamais dit qu'il fallait tuer son semblable pour s'installer au pouvoir. Les Africains ont choisi l'Islam de l'harmonie, de la paix entre les hommes. Cet "Islam noir" existe ici au Sénégal, au Mali et un peu partout en Afrique. Il existe dans quelques grands centres religieux tenus par des confréries, les Tidjiane, les Layenne, et surtout les Mourides. Les gens viennent du monde entier pour apprendre l'Islam, pour apprendre à aimer Dieu différemment, simplement. La religion musulmane s'y pratique dans la paix des cœurs, des esprits et la non agressivité.

propos recueillis par
Mame M'Bissine Diop, février 2002

Victime de l'école coranique

Entretien avec Souleymane Cissé

Dans "*Cinq jours d'une vie*", le réalisateur malien Souleymane Cissé critique l'école coranique quand elle dévie vers la mise en esclavage des enfants.

"Cinq jours d une vie" a été votre premier film ?

Oui, il représente le début de ma carrière. Après mes études à l'étranger, je suis revenu au pays et j'ai réalisé ce film avec les moyens du bord. J'y raconte la vie d'un jeune homme, N'Tji, à qui l'école cora-

Cinq jours d'une vie, de Souleymane Cissé

La vie d'un jeune homme parmi d'autres, N'Tji, trois ans après son baptême rituel, est orphelin. Son oncle est chargé de la tutelle et de son éducation. Ce dernier envoie l'enfant à l'école coranique. Commence alors pour N'Tji une vie d'esclave et de nomade car il est désormais obligé de parcourir le pays en compagnie du marabout, son maître. A peine a-t-il le temps de lire et réciter un verset du Coran. Il quitte l'école coranique sans formation concrète, mène une vie de vagabond et se met à voler. Il se fait prendre et condamner à trois ans de prison. De la naissance à la prison, il aura franchi quatre jours de la vie. Le cinquième jour est le jour de sa libération. A sa sortie, son oncle le persuade de rentrer au village.

"Cinq jours d'une vie" est avant tout la vie d'un individu comme on en rencontre souvent. Ce film-témoin sur une institution fortement ancrée dans les sociétés musulmanes, l'école coranique, dénonce sa fonction anti-éducationnelle quand elle ne prépare pas l'enfant à assumer honnêtement son destin - une réalité dont les effets sont nocifs aussi bien pour l'individu que pour la société entière.

M'Bissine Diop

1973, 35 mm, NetB, 50 min., avec Falaye Dabo et Mariam Thiam.

DR

Souleymane Cissé © Cathy Chamorey

imposent à leurs élèves. La situation relève parfois de l'esclavage. Ainsi, dans mon film, on ne sera pas étonné de voir N'tji, adolescent, piler le mil, puiser de l'eau et faire la vaisselle. En plus, N'tji, comme tous les autres élèves, est obligé de courir les rues pour mendier et satisfaire l'appétit sans fin de son maître. Mais les riches n'ont pas toujours l'âme charitable et il sera obligé de voler pour ne pas affronter la colère et la haine du maître. Il sera un brigand, un menteur, un vagabond. Au fond, le jeune homme n'est-il pas victime de cette école coranique qui créera les conditions de sa délinquance ?

nique n'a offert aucun débouché concret dans la vie. Prenant conscience un beau jour de sa situation, il quitte l'école. Il ne sait pas vraiment parler l'arabe, encore moins l'écrire. Il ne connaît pas d'autre langue que le bambara, sa lange maternelle.

A l'époque mon film était d'actualité car c'était une époque où les enfants ne savaient plus quoi faire, aller à l'école pour apprendre le Coran ou aller à l'école pour s'instruire et recevoir une éducation différente.

Vous faites une critique des écoles coraniques ?

Nul chez nous n'ignore les contraintes et les servitudes que certains maîtres d'école coranique

Comment s'explique le titre ?

Dans sa version actuelle, le film ne correspond pas exactement au titre mais je l'ai conservé quand même. Les cinq jours dont il est question devaient être ceux qui avaient concouru à la formation psychologique du personnage. Le premier est celui de son entrée à l'école coranique. Le second celui de son premier vol. Le troisième celui de sa sortie de prison. Le quatrième celui où il choisit un métier. Le cinquième celui où il parvient à une bonne situation matérielle. Les deux derniers jours ne figurent pas réellement dans mon film.

propos recueillis par
Catherine Ruelle

"Je ne pense pas que les autres religions nous aient apporté quelque chose"

Entretiens avec Ousmane Sembène

"Le film pose le problème du pouvoir spirituel et du pouvoir temporel. Quand on connaît le Sénégal, on sait que personne ne peut assumer le pouvoir sans l'accord des chefs religieux. Pour être ministre ou député, on s'appuie sur les confréries religieuses, sur les marabouts", déclarait le doyen du cinéma africain, Ousmane Sembène. Il s'explique ici sur son film *Ceddo*.

Extraits de l'interview de Josie Fanon publiée dans *Demain l'Afrique*, 30 juillet 1979

Ousmane Sembène à l'époque d'*Emitaï* © Abdou Fary Faye

Quel est le sens du mot Ceddo ?
C'est un mot pular qui désigne ceux qui se sont opposés d'une manière ou d'une autre à une forme d'asservissement. Cela signifie "conservateur de la tradition". Les Ceddo, ce sont "les gens du refus". On trouve l'esprit Ceddo aussi bien chez des musulmans que chez des catholiques.

Quel est le sens du film ? Est-ce un rejet de l'Islam, une description montrant les aspects négatifs de la pénétration de l'Islam en Afrique de l'Ouest ?
Ce n'est pas l'Islam, l'essence de l'Islam, qui est en cause, mais l'utilisation qu'on fait de l'Islam auprès d'une masse ignorante. Si j'avais voulu faire une critique de l'Islam, je me serais appuyé sur les versets du Coran. Je ne le fais jamais. Nous devons avoir le courage de regarder les choses en face. Actuellement, nous voyons des chefs d'Etat africains jouer avec la religion. Nous devons avoir le courage, dans un Etat laïque, d'assigner des limites aux guides spirituels. Ma crainte profonde est que nous tombions entre les mains d'un pouvoir de droite qui utiliserait la religion

A deux reprises, un personnage du film dit qu'aucune foi ne vaut la vie d'un homme.
Je l'ai dit, je le répète. Aucune foi ne vaut la vie d'un homme. Ni Allah, ni

Ceddo, DR

Dieu ne valent la vie d'un homme.

Le personnage du prêtre catholique dans Ceddo peut apparaître comme privilégié par rapport à celui de l'imam ?

C'est une vision subjective, superficielle du personnage du prêtre. Je n'ai pas fait un film sur la religion catholique. Ce n'est pas mon problème. Ce n'est pas celui du Sénégal ou de l'Afrique de l'Ouest. Dans le film, le prêtre est là à côté du marchand d'armes. J'ai voulu montrer l'existence de trois forces : l'Islam, la religion catholique, les commerçants.

Des deux religions, celle qui a pénétré le plus profondément, c'est l'Islam. D'ailleurs dans *Ceddo*, la mort de l'imam ne marque pas la fin de l'Islam.

Au contraire, le prêtre rêve d'une Eglise noire, mais son rêve ne se réalisera pas.. Nous assistons à la mort de la religion catholique et à la montée de la religion musulmane. Encore une fois, la religion catholique, ce n'est pas notre problème.

L'Islam en tant que religion n'est pas en cause : la dernière image du film, quand la princesse Dior après le meurtre de l'imam passe au milieu des disciples indique bien la pérennité de cette religion. Ce qui est en cause c'est la mauvaise utilisation qu'on peut à une période donnée en Afrique de l'Ouest, faire de l'Islam.

Extraits d'un débat avec Ousmane Sembène à Kinshasa après une projection du film le 10 novembre 1977, publié dans Sahel du 11 mai 1981

Le missionnaire a des rêves comme tout le monde. C'est l'homme et ses ambitions qui m'intéressaient. Ce dont ce prêtre rêvait, et je pense que c'est le rêve de tous les missionnaires, c'est faire davantage d'adeptes. C'est ce qui doit se passer dans la tête d'un missionnaire, qu'il soit musulman ou catholique.

J'ai introduit le syncrétisme, mais je sais que l'Eglise africaine a beaucoup évolué, nous trouvons d'ailleurs le syncrétisme jusque dans les accoutrements de certains de nos prêtres. Je voulais seulement parler parallèlement des deux religions qui existent au Sénégal .

Je n'ai pas dit non plus que la religion chrétienne était innocente, nous avons encore à parler et à faire des films sur ce passage de notre histoire, mais j'ai dit ce qui m'intéressait : je

Ceddo, de Ousmane Sembène

Nous sommes en Afrique de l'Ouest, à une époque non-précisée puisque Sembène a contracté en une seule histoire plusieurs époques historiques situées entre le XVIème et le XVIIème siècle. Il invite à travers cet épisode racontant l'enlèvement par les ceddos de la fille d'un roi africain converti à l'Islam à une réflexion sur la situation présente du Sénégal et du continent africain. Les ceddos gardiens de la tradition ont refusé le Christianisme et s'opposent à la pénétration de l'Islam. Le film souligne surtout l'utilisation de l'islam par le pouvoir politique, la religion y est montrée comme une forme de mystification et d'oppression du peuple.

M'Bissine Diop

Sénégal 1976/ interdit jusqu'en 1984, 35mm coul. 120 min., wolof, avec Tabara N'Diaye, Mamadou Ndiaye Diagne, Makhourédia Gueye, Moustapha Yade, Goure, Oumar Gueye, Ismaïla Diagne, Ousmane Sembène.

suis musulman, il me fallait d'abord parler de cette religion. Si vous étudiez l'histoire de l'Ouest africain, vous verrez la collaboration qui a existé entre beaucoup de chefs religieux musulmans et le pouvoir colonial. Ceci, nous ne pouvons pas le nier, pas plus que nous ne pouvons nier que le monde arabe a pratiqué l'esclavage, ce serait nier l'évidence.

Pour moi qui suis dans un pays à 80% musulman, ce qui m'intéresse, c'est ce qui se passe d'abord à l'intérieur de ma société, et d'essayer d'apporter non pas des solutions, mais des pensées, des réflexions sur la marché de la religion et de toutes les religions.

Ceddo, DR

Emitaï, DR

Dans vos livres et dans ce film, on a l'impression que vous ne retenez que l'aspect négatif de l'histoire des religions. Cela est-il intentionnel ?
Je ne retiens pas que les aspects négatifs de la religion. Je n'ai pas touché à l'essence de la religion, j'ai respecté les rituels, le sacré, mais si l'on parle de l'imam, c'est en tant qu'individu qui sous couvert de la religion veut accéder à un certain niveau de pouvoir et qui n'est donc plus un homme religieux. Quand un imam est un imam, il ne pose aucun problème à cette société , mais lorsqu'il y a téléscopage entre le spirituel et le temporel, le problème social se pose.
Je ne peut pas rejeter ce que l'Islam a apporté, mais je ne peux pas dire que tout ce qu'il a apporté est positif. D'autant que nos religions traditionnelles ont leur charge d'humanisme. Notre religion traditionnelle accomplissait à

un moment donné un grand nombre de fonctions. Je ne pense pas que les autres religions nous aient apporté quelque chose. Nous ne nous sommes jamais penchés dessus, nous nous sommes seulement contentés en nous disant qu'il y a un autre monde. Actuellement en Europe, nous constatons qu'il y a un drame sur le monde arabe aussi, mais nous, nous avons l'avantage, je pense, de pouvoir faire une synthèse, sans rien perdre de nous-mêmes, en prenant ce qui peut venir des autres et en l'améliorant. Mais toutes les religions se sont agrandies et fortifiées en sacrifiant des gens. Ce n'est pas moi qui ai inventé l'Inquisition, nous connaissons la bulle du Pape, ce n'est pas moi non plus. Nous savons qu'actuellement des catholiques sont sacrifiés par des musulmans au Soudan.

Vous semblez très pessimiste et nous laissez dans l'obscurité. L'imam meurt, le prêtre meurt. Le roi est mort alors que ses gens étaient déjà convertis et ses valeurs bafouées. Vous ne donnez d'issue ni aux valeurs africaines, ni au christianisme, encore moins à l'Islam ?

Je pense que la fille à la fin, symbolise quelque chose quant aux valeurs, et ce n'est pas le fait d'avoir tué un imam ou un curé qui a arrêté les religions. Je vous l'ai dit, c'est un film de réflexion. L'histoire des ceddos a existé. Il y a des chansons ceddo en mandingue, certains ont refusé de se convertir en se jetant dans des puits mais cela n'a pas arrêté la vie !

Ce n'est pas le suicide qui arrête la vie, c'est le refus de voir la réalité en face, le refus de voir ce que l'on peut faire.

Nous avons beaucoup d'histoires au Sénégal de gens qui ont refusé d'être catholiques ou musulmans, nous avons beaucoup de familles sénégalaises, à commencer par la mienne, qui depuis trois générations sont divisées. Nous coexistons en paix mais lorsqu'il nous arrive d'évoquer nos histoires ou ce qui se passait avant nous, nous le voyons avec tristesse et nous souhaitons que face à des politiques présentes, cela ne se reproduise plus, qu'on ne nous oppose pas les uns aux autres, comme cela se fait dans certains Etats africains.

Voilà le but que je poursuis.

Ce film raconte des conflits d'ambition : ambition de l'imam, ambition du prêtre catholique, ambition de la tradition qui paraît l'emporter à la fin. Ce n'est pas un dialogue, la question est tranchée. C'est la tradition qui l'emporte. Est-ce la conviction de l'auteur que dans la rencontre des civilisations une seule peut l'emporter ?

J'aime bien la question, mais il faut situer le film à son époque. Ce qui nous manque c'est la synthèse et comment faire la synthèse de ce qu'est la tradition et de l'apport des autres. Nous devons avoir foi en nous-mêmes

Cette dialectique de tueries perpétuelles était une nécessité à chaque instant pour renvoyer à l'image suivante… J'ai voulu faire un film ou l'imam, un imam de petite taille – au cinéma le langage implique des oppositions, une dialectique - possède cette grande puissance de mobilisation. En vertu de quoi ? En vertu d'un savoir devenu sacré, d'un mythe du savoir, contre lequel nous devons faire attention.

La solidarité mouride

Entretien avec Samba Félix Ndiaye

"Nous sommes avant tout des animistes", dit le documentariste sénégalais, mais il décèle dans le Mouridisme un fond culturel africain.

Samba Félix Ndiaye © Olivier Barlet

La Confrérie des Mourides ***est un de tes premiers films. Qu'est-ce qui t'a poussé à t'interroger sur cette confrérie mouride ?***

Moi je m'intéresse au documentaire. J'avais été impressionné par "Le grand Magal" de Blaise Senghor. A l'époque, N'Gaïdo Bah faisait "*De l'autre côté du fleuve*" : il nous avait tous embarqués dans cette histoire. On assistait à la naissance de cette jeune génération de Baye Fall qui sont les serviteurs des Mourides. Il y avait pour nous un parallèle à faire entre Baye Fall et Rasta jamaïcains. Cela nous a mené à Touba, la Mecque des Mourides, et après le voyage, moi j'ai pensé qu'il fallait faire un film. On n'avait pas les moyens, on n'avait même pas de quoi tourner. J'ai pensé qu'il fallait travailler sur le documentaire, je me suis lancé tout seul et Cheikh Tidiane est venu. Pourtant, à l'époque on se préparait tous à partir en Europe. Donc, nous avons commencé un court métrage qui n'a pas été terminé. C'était un film collectif mais tout le monde a voulu se l'approprier. C'était comme ça, à l'époque on parlait collectif mais on agissait individuel !

Félix, avec un nom pareil on est catholique, tu ne peux pas le cacher !

Non, moi je ne suis pas catholique. Dans ma famille il y a toutes les religions réunies ; ma mère est d'origine chrétienne et mon père est musulman, mais ma grand-mère maternelle était musulmane, mon grand-père paternel était catholique. Samba c'est du côté paternel, Félix c'est du côté maternel.

Ton père était-il mouride ?

Non, ils sont tous tidjanes mais j'ai des affinités mourides car mes amis étaient en majorité mourides. J'ai rencontré très jeune le grand Calife des Tidjanes - qui est maintenant décédé - parce que mon grand père m'y a emmené comme on le faisait à l'époque. Tout jeune, je suis allé à Touba, mais on n'allait pas à Touba pour le pèlerinage ou

Grand Magal à Touba, de Blaise Senghor

Touba, la ville sainte du mouridisme (confrérie religieuse au Sénégal), célèbre chaque année le "Grand Magal", manifestation de reconnaissance à l'endroit d'Allah, édictée par Cheikh Ahmadou Bamba, lequel avait, à son époque (fin 19e siècle - début 20e siècle), renoncé aux honneurs de ce bas monde, au pouvoir et à ses lustres, pour se consacrer exclusivement au service d'Allah et du Prophète Mohammed.

Devant les immenses rétributions dont Allah l'a gratifié au terme de la mission, Cheikh Ahmadou Bamba entreprit d'appeler toute la communauté musulmane pour rendre grâce à Allah devant tant de mansuétude : c'est le sens du Grand Magal de Touba, célébré chaque année le 18 du mois lunaire de Safar. Le Grand Magal de Touba est aujourd'hui considéré comme le grand pèlerinage de la confrérie mouride, auquel cherchent à se rendre les Sénégalais mourides dispersés un peu partout dans le monde.

Le documentaire très complet de Blaise Senghor met en scène la préparation de cet événement, la mobilisation et la procession de centaines de milliers de pèlerins vers la ville sainte afin de célébrer le Magal du départ en exil de Cheikh Ahmadou Bamba.

M'Bissine Diop

1962, 35mm couleurs, 20 min.

la ville sainte : on y allait pour faire la fête. C'est une ville religieuse mais il n'y pas d'interdit.

A l'époque , il n'était guère de mise d'avoir un sentiment religieux quand on était cinéaste ?

Le mouvement m'intéressait mais en plus, en arrière plan, il y avait toujours quelque chose d'un peu "anti-religieux". Tous les grands marabouts sénégalais - c'était en tout cas le discours de l'époque - étaient aussi animistes, car les pratiques animistes restent toujours en arrière-plan. Nous, ce n'est pas le mouvement mouride qui nous intéressait, c'était les Baye Fall qui nous attiraient. Ce sont des musulmans mais ils sont exemptés de prières, car ils travaillent, pour la communauté. Nous on était plus proches d'eux, parce que c'était libertaire et que ça ressemblait au mouvement rasta.

Vous y retrouviez les racines d'autres mouvements ?

Il y avait quelque part une revendication africaine : nous sommes avant tout des animistes avant d'être des musulmans ou des chrétiens. Nous avions un profond respect pour la pensée d'Ahmadou Bamba, quand il dit par exemple que la Mecque c'est ici, au Sénégal, à Touba. C'est une terre sainte, si vous n'avez pas les moyens d'aller à la Mecque, venez à Touba. C'était ce genre de revendications qui étaient sous-jacentes.

Aujourd'hui je pense souvent à refaire un film sur les Mourides. Mais je n'y pense pas en temps que religion, j'y pense en temps qu'organisation.

Organisation sociale ?
Oui. Le Mouridisme une structure protégée : les Mourides ont une communauté de biens. L'économie est très développée, c'est pourquoi il y a de grands penseurs mourides, parce qu'ils sont aidés. Ce qui m'intéresse vraiment, c'est en quoi c'est profondément ancré dans la culture africaine. Cheikh Ahmadou Bamba s'est occupé de la spiritualité et Cheikh Ibra Fall a porté sa réflexion sur un partage du travail entre le spirituel et le temporel, les besoins matériels de la communauté. C'est ce qui ancre ce mouvement dans la solidarité traditionnelle africaine. Et ceux qui s'occupent des choses matérielles, ce sont les Baye Fall (du nom de Cheikh Ibra Fall). Le problème c'est que le mouvement peut être et est dévié, puisqu'il représente aujourd'hui une énorme force économique et politique avec laquelle il faut compter au Sénégal.

Oui mais çà, c'est humain !
Oui, mais à la source il y a deux hommes honnêtes, un qui s'occupe vraiment du Coran, de l'histoire de l'Islam, et l'autre qui se dévoue corps et âme au premier en lui disant : "écoute, toi tu réfléchis, moi je travaille". De même Ahmadou Bamba pouvait répondre à Cheikh Ibra Fall : "tu n'as pas besoin de prier, moi je prie pour toi". Quand les Mourides actuellement, ou les Baye Fall, pensent autrement, ils sont dans l'erreur.

C'est un détournement de la pensée ?
Oui, sans nul doute.

Donc, c'est un sujet sur lequel tu aimerais revenir ?
Cela m'intéresse. Ce n'est pas une recherche de spiritualité, c'est une recherche d'identité. Mes questionnements portent toujours sur l'identité. Même si les religions - que moi je prends comme des idéologies - traversent les cultures africaines, il reste que nous sommes Africains, de toutes façons et comme le Mouridisme prend en compte le terroir africain, on y est attaché.
Les Mourides rayonnent à travers le monde et représentent le secteur le plus important au Sénégal dans le domaine de l'économie informelle. Ils sont présents aux Etats-Unis, en France, et très structurés : aucun chef d'Etat ou de gouvernement sénégalais ne peut se passer des Mourides.

Ils ont donc transformé une confrérie d'ordre spirituel et théologique en un grand mouvement social ?
Oui, social, économique, puissant, le temporel et le religieux se rencontrent.

propos recueillis par
Catherine Ruelle

Le Wazzou polygame, de Oumarou Ganda

DR

Aprés le pélerinage à la Mecque, un croyant musulman de retour dans son village natal prend le titre vénéré d'"El-Hadj". Ce "Hadj" (interprété par Lam Dia), égrenant à longueur de journée son chapelet, se révèle un "Wazzou", un moralisteur zélé, qui ne cesse de sermonner ses concitoyens, leur rapellant les préceptes du Coran, et, en particulier : "Tu ne convoiteras pas la femme d'autrui."

DR

Pourtant le Wazzou a tôt fait d'oublier ses principes : dès qu'il aperçoit Satou, une jeune fille du village, en train de se baigner avec ses compagnes, il tombe amoureux d'elle, alors qu'il sait que Satou est déjà promise au jeune Garba.

DR

Bien qu'il ait déjà deux épouses, El-Hadj décide d'épouser Satou. "Garba est pauvre, tandis que tu es un riche négociant en tissu", lui dit un flatteur de ses amis, qui espère avoir du tissu à crédit. El-Hadj est décidé : il fera sa demande en mariage.

DR

El-Hadj accompagné de ses amis, va donc faire la demande en mariage rituelle, auprès du père de Satou. En roulant la natte aprés le départ des invités, elle découvre des billets de banque : les ayant acceptés, son père a donc consenti au mariage.

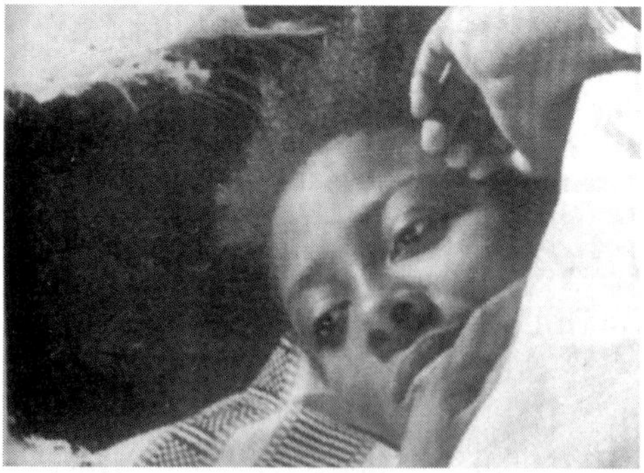

DR

Cette nuit-là, Satou ne trouve pas le sommeil : El-Hadj est presque aussi vieux que son père, et elle aime toujours Garba ! Si le mariage se fait, elle ne laissera pas le Wazzou la toucher !

Garba, apprenant la nouvelle, va dans les champs provoquer en combat singulier Dari, le fils d'El-Hadj. Après une courte lutte, on les sépare. Garba jure de quitter le village : il ira travailler dans la grande ville.

DR

De son côté, Gaïka (Zaleïka Souley), la plus jeune femme d'El-Hadj, va, folle de jalousie, consulter le marabout du village (Oumarou Ganda) pour empêcher le marriage : le marabout lui extorque son argent.

DR

Pendant que la fête du village bat son plein, Gaïka, armée d'un couteau, rentre dans la case de Satou, décidée à se venger d'elle.

DR

DR

Hélas ! Ce soir-là, la confidente de Satou était venue lui tenir compagnie. Dans l'obscurité, Gaïka confond les deux jeunes femmes, et c'est la confidente qui reçoit le coup de couteau fatal.

DR

Tout le village assemblé voit emmener Gaïka, convaincu de meurtre. Désespérée, Satou décide de s'évader du village, et d'aller à la ville à la recherche de Garba.

Pour vivre dans la grande ville, Satou en est vite réduite à pratiquer le traditionnel "Boutique-mon-cul". Satou ne reverra jamais Garba : ainsi le Wazzou, en oubliant ses principes, n'aura fait que des malheureux autour de lui.

DR

Publié dans Jeune Afrique, n°591 du 6 mai 1972 et reproduit ici avec l'aimable autorisation de la rédaction.

Karmen censuré

Entretien avec Jo Gaye Ramaka

Comme *Africultures* l'a déjà rapporté (n°41) par une correspondance de Dakar, le film *Karmen* du Sénégalais Jo Gaye Ramaka a été interdit à l'arme blanche, par l'intervention musclée dans la salle de cinéma de Mourides outrés de voir ce film reprendre des versets de leur chef spirituel Cheikh Ahmadou Bamba alors même qu'il comporte des scènes osées.

Jo Gaye Ramaka © Euripide

Quel conflit a secoué Dakar à propos de Karmen ?
Tout a commencé la veille de mon départ pour le festival de Toronto : la salle a été envahie par 200 à 300 personnes armées de gourdins et de couteaux, et qui se réclamaient des Baye Fall, avec l'intention proclamée d'intenter à ma vie et de brûler la salle, où l'on projetait pourtant depuis près de 3 mois le film "Karmen".

Sous quel prétexte ?
De leur point de vue, j'ai utilisé dans le film pour accompagner la sortie de la dépouille de la directrice de la prison une sourate chantée, écrite par Ahmadou Bamba. Pour eux, comme l'a expliqué notamment un député de l'Assemblée Nationale responsable de mouvement intégriste ici à Dakar, il n'est pas possible d'enterrer une personne de religion chrétienne avec un chant religieux musulman, si cette personne est socialement reconnue comme étant homosexuelle, ce qui était le cas dans le film.

Pourquoi cette violente attaque s'est-elle déroulée à ce moment précis, alors que le film était diffusé depuis déjà longtemps ?
Je ne sais vraiment pas pourquoi ils ont attendu si longtemps. Il y a eu une avant-première, il y a eu une vaste préparation de la sortie nationale du film. Je me suis rapproché du ministère de l'Intérieur en leur indiquant que je ne comprenais pas comment 300 personnes armées avec l'intention proclamée d'intenter à la vie d'autrui et de brûler une salle de cinéma peuvent venir et repartir sans qu'au moins on confisque leurs armes. Je n'ai bien sûr pas eu de réponse, et ça fait déjà sept mois qu'ils se rejettent cette responsabilité mutuellement entre l'Intérieur et la Culture.

Un député a pris position contre le film. Appartient-il à une confrérie comme les Mourides, les Tidianes ?
Non, je pense que c'est plutôt une attitude politicienne qu'autre chose. Au

Sénégal, beaucoup de gens plus ou moins bien ou mal intentionnés, ont l'habitude de s'adosser ou d'user de la religion à d'autre fins ; il n'y a que comme çà que je peux comprendre que cette personne ait interféré dans un secteur qu'il ne connaît pas, sur un film qu'il n'a pas vu, pour inciter les gens à la violence parce que ça ne s'appelle pas autrement.
Ce n'est même pas dans les traditions de ce pays. Même si on voulait discuter l'argumentaire mis en place d'un point de vue religieux, il ne tient pas la route. Moi-même, mon père est musulman, ma mère est catholique, et c'est la même chose pour beaucoup de Sénégalais. Il y a une tradition de tolérance dans ce pays qui fait que quand quelqu'un meurt, on prie pour lui quelle que soit sa croyance. C'est ce qu'on à toujours connu au Sénégal, il y a jamais eu d'intolérance religieuse. Je considère donc cet acte comme un acte minoritaire et marginal. Mon problème, c'est que justement il faudrait que les autorités le sachent et en tirent les conséquences. Sinon, c'est grave pour la liberté publique, pour la démocratie.

Pourquoi avoir utilisé ces versets d'Ahmadou Bamba ?

J'ai fait un film qui se passe en partie dans une prison. Dans la prison, les gens sont de croyances diverses. Les prisonnières ont accompagné l'enterrement de la directrice, il n'y a rien de plus naturel. J'ai utilisé un requiem magnifique écrit par Njounga, pour l'enterrement proprement dit. On pourrait même se dire que c'est eux, les catholiques, qui auraient dû protester ; cette femme étant catholique, elle a été enterrée à l'église, c'est tout. C'est tellement paradoxal qu'on en soit aujourd'hui en 2002 à vouloir s'en prendre à un film parce que dans la continuité de l'histoire, il y a une personne qui meurt, qui va être enterrée, et que hors de toutes considérations morales ou religieuses, on refuse que cela ce passe comme ça.
Heureusement, ce n'est pas l'avis de

Karmen © Euripide

Karmen © Euripide

tout le monde, je reçois des coups de téléphone, des personnes qui interviennent dans la rue quand je passe, pour me dire qu'elles ne comprennent pas. Du reste, ce film à été visionné par des personnes lettrées dans les différentes croyances, notamment et y compris au niveau des Mourides, qui elles-mêmes ne comprenaient pas ce qui s'est passé. Le problème, c'est que le film a été confisqué dans la foulée. Je n'ai donc pas pu assurer la sortie malienne, ivoirienne, etc. En fait tout le travail qui a été fait est ruiné. Le film ne sort pas en Afrique.

propos recueillis par
Catherine Ruelle

Dénoncer les dérives du christianisme

par Michel Amarger

Les films qui attaquent de front la religion et surtout l'usage qu'on en fait pour imposer son pouvoir, semblent relativement peu nombreux en regard de la production africaine. *Au nom du Christ* de Roger Gnoan M'Bala (Côte d'Ivoire, 1993) se distingue en faisant de ce thème le sujet central d'une fiction spectaculaire.

La reconnaissance du film, lauréat du Grand Prix du Fespaco, l'Étalon de Yennenga, à Ouagadougou, en 1993, et du Prix Afrique en Créations, en Occident, souligne l'impact et l'intérêt de la démarche entreprise par Roger Gnoan M'Bala. Le cinéaste ivoirien qui s'impose comme une des figures majeures du 7ème art dans son pays est connu pour son regard mordant sur les réalités de sa société. Après plusieurs histoires caustiques, tournées pour la télévision, il se fait reconnaître avec *Ablakon*, 1984, une comédie urbaine sur les péripéties d'un escroc qui soutire des fonds aux villageois.

Il aborde le thème de la confrontation des religions dans *Bouka*, 1988. Ce long métrage, situé dans un village de Côte d'Ivoire, dirigé par un prêtre catholique, montre des habitants partagés entre le christianisme et le fétichisme. Un jeune garçon, Bouka, est victime des manoeuvres du neveu de son père qui a empoisonné et enterré l'âme de ce dernier sous un arbre. Quand le père meurt, écrasé par l'arbre, son frère est accusé du meurtre tandis que le neveu récupère ses biens, sa veuve, et Bouka. Mais le garçon cultive sa vengeance. Sur cette trame, le cinéaste tisse avec souplesse des scènes suggestives qui soulignent la force des esprits traditionnels.

Après cette expérience, Roger Gnoan M'Bala décide de durcir le ton contre les méfaits des religions qui servent de prétexte à tous les abus et à tous les pouvoirs. Autour de 1990, la Côte d'Ivoire est dans une situation économique difficile, et les propositions religieuses deviennent des alternatives pour échapper à la misère du quotidien. Les prophètes se multiplient en sollicitant des dons ou des services "désintéressés" en échange de prières et de bénédictions, souvent hâtives. Les mouvements religieux se restructurent, le christianisme prend une nouvelle ampleur et une "radicalité" certaine. Des sectes s'organisent en profitant de la désaffection des cinémas pour occuper les salles de spectacles et en faire des églises. Ce mouvement exaspère Roger Gnoan M'Bala, comme d'autres cinéastes ivoiriens, qui décide de réagir en réalisant *Au nom du Christ*.

Le film raconte la trajectoire d'un porcher méprisé, qui manque de se noyer après avoir trop bu. En sortant de l'eau, il affirme avoir la vision d'un “enfant-dieu” qui l'aurait choisi pour “sauver son peuple”. Alors l'homme devient Magloire 1er, le “cousin du christ”. Son éloquence, son goût des fétiches, son sens de la mise en scène, frappent l'imagination des sujets qui viennent à lui. En dénonçant le fanatisme et les méfaits qu'il engendre, le cinéaste signe un drame qui est aussi une réflexion sur la force de la représentation, véhiculée par le cinéma.

Au nom du Christ est envisagé à un moment où la prolifération des prophètes et des sectes s'étend en Côte d'Ivoire mais aussi au Sénégal, au Niger. Les pays anglophones de l'Afrique de l'Ouest sont aussi de plus en plus touchés par le phénomène qui devient fulgurant au Ghana, au Nigeria et dans les états voisins. L'importance des sectes devient un phénomène incontournable dans les sociétés africaines et leur économie, à partir des années 1990. Le film de Roger Gnoan M'Bala ne perd pas de son actualité au film du temps malgré les contretemps multiples, au tournage, au montage, à la production, qui retardent son accomplissement. L'accueil de *Au nom du Christ* lors de sa sortie, en 1993, prouve que le cinéaste a vu juste. Son film suivant, *Adanggaman*, 2000, pointe sans ménagement une autre dérive qui s'inscrit comme une plaie dans l'histoire africaine : la traite des esclaves organisée par les rois noirs sur leur territoire. Pour Roger Gnoan M'Bala, le cinéma se déploie comme un spectacle populaire, capable d'éveiller le sens des responsabilités de ses semblables.

Un terrain propice aux sectes
Entretien avec Roger Gnoan M'Bala

Construire une fiction sur un thème fort

Roger Gnoan M'Bala © Olivier Barlet

Comment caractériser l'histoire de* Au nom du Christ *?

C'est une histoire douloureuse. Je pense que c'est un film d'actualité. Le thème est universel parce que la prolifération des sectes, des individus illuminés, mégalomanes, des fous qui se prennent pour des dieux, des demi-dieux, des quart-dieux, ça

Une croisade contre les faux prophètes : *Au nom du Christ*

Etalon de Yennenga (grand prix) au Fespaco en 1993, *Au nom du Christ* se situe à Bali-Ahuekro, un petit village de Côte d Ivoire, où les hommes se côtoient dans la promiscuité et la misère. Gnamien Ato, un pauvre porcher, y est méprisé par tous et cherche l'oubli dans l'alcool. Le jour où, ivre comme toujours, il manque de se noyer, il a subitement une apparition : celle d'un "enfant dieu" qui lui confie la mission de redresser les torts et les égarements de l'Eglise. Voilà notre homme devenu le prophète Magloire 1er, messager de Dieu et cousin du Christ. De retour au village, il convertit sans grande peine, à l'aide de "miracles" dont il a seul le secret, les villageois qui très vite deviennent des adeptes et des fanatiques zélés de cette nouvelle confession. Les traditions locales sont condamnées, les fétiches et autres objets rituels sont livrés au flammes et les mécréants menacés. Ainsi commence le début de la folie religieuse d'un homme dont la renommée et la puissance sera sans limite. "*Je suis un baobab indéracinable*", déclare le cousin du Christ qui pousse sa folie jusqu'à se croire immortel : crucifié tel son "cousin", il défiera les balles des armes à feu.

Très actuel, le film est une dénonciation des sectes et de leurs conséquences dans une Afrique profondément tiraillée entre religion, tradition et modernité. "C'est parce que les Africains ont des espoirs inassouvis, déclare le réalisateur, que le terrain est propice pour ce genre d'escroqueries. Le catholicisme nous agresse partout. C'est une religion importée que les Africains ont mal copiée."

Roger Gnoan M'Bala impose Pierre Gondo, connu comme acteur de théâtre comique, dans un rôle grave, aux côtés de Naky Sy Savané qui joue sa disciple. Le tournage s'est effectué au sud de la Côte d'Ivoire, dans la forêt de Banko et dans un village côtier près d'Abidjan. Le film, produit par une société ivoirienne avec l'aide du ministère de la Culture du pays et celle du ministère français de la Coopération, reste bloqué pendant deux ans. Des fonds sont détournés par un coproducteur français. La justice intervient. Le procès est gagné et les coproducteurs rachètent les droits saisis par un transitaire. Le financement est alors complété avec une production suisse.

M'Bissine Diop

continue. Ce sont des gens qui vivent dans leur environnement et qui trompent tout le monde pour faire grandir leur puissance. L'histoire du film peut se résumer en trois mots : tromperie, mégalomanie, escroquerie.

Vous composez le portrait de quelqu'un qui, au départ, est un peu marginalisé par rapport au village. C'est ça qui l'incite, tout d'un coup, à se sentir investi d'une mission ?

Non. C'est plutôt le prétexte que nous utilisons pour renforcer le récit. Si on avait pris quelqu'un du milieu paysan, un villageois, le récit n'aurait pas permis cette confrontation, ce choc des idées et des comportements. En le marginalisant comme on l'a fait, nous avons pensé, à notre niveau d'écriture, que c'était un moyen de modeler le personnage. Nous l'avons marginalisé pour lui donner une certaine épaisseur dans la suite du débat.

Est-ce un personnage que vous

AU NOM DU CHRIST
un film de
ROGER GNOAN M'BALA

avez cherché à rendre sympathique ?
Non, pas du tout. Il nous embêtait même pendant l'écriture du scénario. A un moment donné, ce personnage nous gênait. Sa philosophie était insaisissable pour nous, les trois auteurs du scénario, et son contour était flou. Il a fallu lui réserver un sort brutal, avec la mort et tout le reste, pour que tout ait un sens meilleur.

Votre héros joue sur un registre grave. Ce ton dramatique ne peut-il surprendre par rapport à vos débuts de cinéaste ?
On a essayé quand même de mettre des notes humoristiques, des touches. Mais je crois qu'on doit quelquefois enlever sa carapace pour tenter d'autres expériences. C'est dans la diversité qu'on peut prouver sa véritable valeur.

Le poids du christianisme en Afrique

Pourquoi avoir pris la religion chrétienne comme point de départ du film avec un homme qui se prétend un "cousin du Christ" ?
D'abord, il faut dire que c'est un phénomène qui nous agresse constamment en Afrique de l'Ouest, et peut-être même dans le monde. Aux États-Unis, il y a quelqu'un qui s'est enfermé dans une ferme, en prétendant attendre un message de dieu. Il se disait même le Christ réincarné. Regardez Jim Jones en Guyane avec son suicide collectif. C'est un phénomène mondial. Nous, en Afrique, c'est différent parce que nous avons des religions comme l'Islam, comme l'Eglise romaine ou chrétienne, qui sont des religions envoyées, importées. Et puis dans leur application, on a l'impression que les Africains copient mal ce qui est déjà mal fait. Donc en Côte d'Ivoire, vous avez, d'une maisonnée à l'autre, des prophètes. Il y en a partout. Il y en a dans les jardins publics, dans les ascenseurs. C'est un phénomène qui est autour de nous, dans notre environnement et qui s'impose à nous. En tant que créateurs, en tant que cinéastes, je pense qu'on doit prendre parti par rapport à l'Histoire. C'est ce que nous avons fait.

Qu'est-ce qui vous pousse à montrer dans le récit un village qui se soumet aussi vite à la parole du prophète, et brûle assez rapidement ses idoles, tout ce qui a été adoré pendant plusieurs années ?
C'est un drame pour l'Afrique. L'Afrique perd son âme parce que, si on regarde bien, l'Afrique a une culture religieuse. L'Afrique n'a pas que des mauvais génies. Il y a de très bons génies et tout le monde le sait. Tous les Africains le savent. C'est dramatique de tuer ces idoles, ces dieux, de tuer son âme, sa personnalité. Métaphoriquement, je pense que c'est comme ça qu'on pose l'équation, nous, au niveau du traitement cinématographique.

Mais ne radicalisez-vous pas un peu cette soumission ?
Oui, c'est une extrapolation. Il faut toujours extrapoler dans le cinéma. Il faut grossir, peut être aussi pour rendre les faits réels et visuels. Si vous minimisez une action dans un film, ça ne prend pas toujours. Mais nous sommes restés fidèles à nous-

mêmes, fidèles à ce que nous croyons.

Aujourd'hui, cet impact de la religion chrétienne est-il plus fort qu'à l'époque où vous avez entrepris le scénario ?
Oui, surtout depuis que le film a été fait. J'ai l'impression que les débats contradictoires qui se sont imposés, prouvent que des gens ont envie d'en parler. Ils ont envie de s'arrêter un moment pour réfléchir, pour se demander que faire avec tout cet éventail de prophètes, de foi, qui visent le même individu, le même dieu et qui ont le même prétexte, la Bible. Tout le monde lit la Bible, tous les prophètes. Mais chacun la lit différemment. Dans une phrase, il y a une nuance énorme entre deux prophètes. C'est incroyable. Par rapport à cela, je pense que le film apporte une contribution à la réflexion.

Un héros contestable

Vous montrez un personnage qui ne sait pas lire et qui prétend le faire en regardant un livre, un personnage qui, au fur et à mesure de son ascension, de l'accroissement de son audience, devient de moins en moins actif. Quel est le sens de cette évolution ?
Il est de moins en moins actif mais très mégalomane, très sûr de lui. Il pousse sa "lucidité confessionnelle" jusqu'à la mort, jusqu'à la crucifixion pour ressembler au Christ qui est son cousin, dit-il. Dans cette évolution du personnage, il y a une folie, quelque part. C'est cette folie qui gagne tous ces Africains désoeuvrés, hantés par la crise, affamés, mal soignés. Enfin, il y a tous ces phénomènes qui sont, peut-être, des désespoirs. Ils ont des espoirs inassouvis, beaucoup de déception par rapport aux grandes religions, par rapport à ce qu'ils ont mis comme espoirs dans l'autre. Je pense que c'est tout cela qui donne cette prolifération de prophètes. Le terrain est propice pour ce genre d'escroquerie, ce genre de chantage.

Ne pensez-vous pas que, en montrant que le personnage va jusqu'au bout de son engagement et se fait crucifier, vous pouvez le rendre touchant et donc que vous atténuez un peu la critique qu'on peut porter sur lui ?
Mais la critique s'impose dès lors qu'il rentre dans le village. Dès la dixième minute du film, la critique s'impose. Maintenant, estimer comment on doit l'achever, je pense que chacun peut l'interpréter à sa manière. Personne ne détient le monopole de la vérité. Je dis toujours que nous ne pouvons pas être là pour donner des leçons. Nous pouvons susciter un débat, susciter la vérité, même des contre-vérités, des clins d'oeil. C'est déjà important. En fait, le rôle de l'émancipation de l'Afrique, dans toutes ses dimensions, incombe à tout le monde, aux politiciens, aux artistes, aux financiers. Chacun doit jouer son rôle. Alors même quand il meurt, je pense qu'il ne devient pas sympathique. Pour moi, il reste toujours antipathique. D'ailleurs, regardez par qui il est tué. Il est tué par une confrérie de chasseurs sénoufos, initiés. Donc à la limite, on peut dire qu'on oppose l'Afrique traditionnelle à l'Afrique moderne avec le christianisme. Et on

Bouka, de Roger Gnoan Mbala

Sandkadjokro est un paisible village de Côte d'Ivoire dirigé par un prêtre catholique et dont les habitants sont partagés entre le christianisme et le fétichisme. Bouka, un jeune garçon, est surdoué, tant à l'école que dans la vie. Il voit sa vie bouleversée par la mort "surnaturelle" de son père Assouan, un planteur respecté de tous. Sa mère, la belle Akouba, est obligée, comme le veut la tradition akan, de se remarier avec Amontchi, le neveu du défunt, qui n'est autre que l'assassin d'Assouan dont il a emprisonné et enterré l'âme sous un arbre. Dès lors, le jeune enfant sombre dans la délinquance et n'aura plus qu'une idée : confondre son beau père et venger la mort de son père.

Dans les traditions akan, Bouka est un nom peu connu qu'on donne à des enfants uniques, nés après le décès d'autres enfants dans la famille, pour exorciser le mal. A travers ce psychodrame inspiré de la nouvelle de Timité Bassori "*Jeux dangereux*", dur recueil "*Les Bannis du village*", M'Bala aborde sur le mode de la comédie les problèmes d'héritages et de succession en pays akan, soumis au système matrilinéaire. Le film est tantôt anecdotique, tantôt quasi-documentaire, avec de longues séquences de danses, cérémonies funéraires et mariages, et se fait témoignage de la société traditionnelle.

M'Bissine Diop

verra qui va relever le défi. Il y a tout un niveau de lecture qu'on doit s'imposer en voyant ce film.

Adapter le style au sujet

Lorsqu'on est dans la forêt, au début de* Au nom du Christ*, on retrouve la souplesse de caméra que vous promeniez dans* Bouka*, au milieu des feuillages. Pourquoi, lorsque vous montrez le prophète, votre caméra devient-elle statique ?

Avec ce genre de thème, nous voulions faire adopter des attitudes majestueuses au personnage. Un prophète, pour s'adresser à un peuple, doit être convaincant. A la limite, il doit déclamer avec cette gestuelle particulière. Donc à ce niveau, il faut être prudent parce qu'on risque de détourner, et même d'amoindrir, l'effet qu'on veut avoir sur le public, si on ne reste pas fixe avec la caméra.

Comment avez-vous choisi les acteurs ?

Pour leur composition d'abord. Pierre Gondo qui joue le prophète, est connu sur le plan théâtral. Il était dans le registre comique, burlesque. Je voulais en faire un personnage assez dramatique, assez fort. On a tenté l'expérience. Naky Sy Savané est une comédienne connue des Ivoiriens mais aussi des Français. Elle a joué dans *Bal poussière* de Henri Duparc. Pour la première fois, elle sort de ses rôles habituels pour interpréter un personnage assez particulier, celui de la folle. Le reste, ce sont des acteurs du théâtre et de la télévision.

propos recueillis par
Michel Amarger

La Chapelle, de Jean-Michel Tchissoukou

Nous sommes dans les années 30 et la colonisation a conquis tout le territoire et s'est installée en maître avec son administration et sa police.

Dans un village à 30 km du chef lieu de la région naît une rivalité de pouvoir et d'influence entre le missionnaire, le sorcier guérisseur, symbole de l'attachement à la personnalité africaine et l'instituteur, ce dernier étant au service de la mission.

Choc du christianisme et des religions traditionnelles. La mission catholique a installé une école et demande à la population de bâtir une chapelle. Les travaux traînent, ce qui exaspère le curé qui s'appuie sur le chef du village pour faire accélérer la construction. L'arrivée d'un jeune maître, Adouki, bouleverse le village. Pourvoyeur d'idées progressistes et révolutionnaires, il dénonce la servitude et fait prendre conscience aux jeunes du village qu'ils ont entre leurs mains le destin du pays et que c'est en travaillant réellement et non pas en effectuant la corvée de la construction de la chapelle qu'ils seront maîtres de leur destin. Mais l'attitude hostile de l'instituteur, jaloux machiavélique, va permettre au curé de renforcer son autorité par des actes répressifs dont l'histoire coloniale est, malheureusement, pleine d'exemples.

Première production de l'Office Nationale du Cinéma au Gabon, "La Chapelle" fut un succès. Peinture de l'Afrique coloniale des années 30, le film décrit en filigrane les heurts inévitables entre l'Eglise et les religions traditionnelles en Afrique et même si le thème n'est presque plus d'actualité, il reste un témoignage qui permet de prendre conscience du chemin parcouru depuis la libération nationale.

1979, 16 mm, coul., 80 min. avec Gaston Samba, Segolo Dia Mahungu, Albert M'Bou, Alphonse D'Oliveira, Philomène Miankovikila, Germain Lobota.

Jean-Michel Tchissoukou

Tchissoukou sur le tournage de "*La Chapelle*", DR

Décédé en 1987 à Brazzaville, Jean Michel Tchissoukou fut avec Sébastien Kamba, un des plus prestigieux représentants du cinéma congolais. Il œuvra pour un développement du cinéma africain et sa promotion à l'extérieur.

Né à Pointe Noire le 12 mai 1942, Tchissoukou fait ses premières armes à la télévision congolaise où il est employé de 1966 à 1977. Après son bac, il continue ses études en France où il s'inscrit à l'OCORA et l'INA. Il obtient son diplôme de cameraman et celui de photographe. Ce stage de formation l'amène à s'intéresser particulièrement au cinéma et en 1970, il réalise son premier court métrage, "*Illusions*", en noir et blanc, sur l'exode des jeunes vers les grandes villes. Mais c'est "*La Chapelle*", son premier long métrage, qui le révèle au Fespaco en 1981 ou il obtient le prix de l'authenticité africaine.

En 1982, il tourne un autre long métrage "*Les Lutteurs*", mettant en scène une histoire d'amour qui se mêle à un documentaire sur la lutte traditionnelle.

M'Bissine Diop

***Wendemi , l'enfant du Bon Dieu,* de Pierre Yaméogo**

Wendemi © J.C. Dupuis

Un enfant sans père part à la recherche de son identité à Ouagadougou, capitale du Burkina Faso. *Wendemi* est l'histoire d'un enfant dont personne ne veut puisque, faute de nom, il existe à peine. C'est aussi le procès de l'église catholique africaine car finalement il est révélé que Wendemi est fils d'une église pas si catholique que ça...

Réalisé en moré (l'une des principales langues du Burkina), le film débute par un scandale familial. Cécile avoue qu'elle est enceinte mais refuse d'avouer l'identité du père. Furieux, son père Zacharie l'expulse du village. Condamnée à l'exil, elle met l'enfant au monde et l'abandonne dans les broussailles. Le bébé est recueilli par un couple qui l'appelle Wendemi, qui signifie en langage moré "Dieu seul sait". Après une enfance difficile dans sa famille adoptive, Wendemi, adolescent, s'éprend de Pogbi qu'il veut épouser mais la tradition exige que l'on connaisse ses origines familiales. Sur les conseils d'un sage, Wendemi part alors à Ouagadougou, la capitale babylonienne, à la recherche de sa mère. Dans l'univers cruel de la grande ville où règnent la combine et l'arrivisme, la prostitution et la perte des liens communautaires, il réussit à la retrouver. Elle lui révèle que son père n'est autre que le curé de la ville.

Après *Dunia* en 1987, sur les femmes burkinabées, et *Laafi* en 1991, sur les tracasseries administratives et la fuite des cerveaux, Pierre Yaméogo dénonce avec *Wendemi* "une situation réelle dont personne ne veut parler en Afrique", mais s'attaque aussi à la corruption, la prostitution, l'individualisme et la situation des enfants africains, dans une société burkinabée empêtrée entre archaïsme et modernité dévergondée. Favorablement accueilli au Fespaco en 1993, le film fut sélectionné au festival de Cannes dans la section «"Un certain regard". Avec *Tourbillon* (*Silmandé*) en 1998, Yaméogo reprend avec le même humour sa dénonciation des corruptions à travers une peinture sans concession des commerçants libanais et de leurs appuis africains.

M'Bissine Diop

1992, moré, 35 mm, coul. 93 min. avec Sylvain Minoungou, Abdoulaye Komboudri, Sylvie Yaméogo, Moussognouma Kouyaté, Alassane Dakissage, Sotigui Kouyaté.

Mélina, Le film d'un double héritage camerounais

Melina, le premier film de François Woukoache, est un témoignage personnel sur les cérémonies de fin de deuil qui se sont déroulées deux ans après la mort de son père. Ce dernier, originaire d'un village bamiléké, était un catholique fervent, installé à Yaoundé, qui avait donné à ses cinq enfants une éducation sévère. Vers la fin de sa vie, il les avait incités à renouer avec l'héritage traditionnel, dans son village natal, où il possédait une maison. Logiquement, les cérémonies organisées à sa mort mêlent les rites catholiques avec ceux des Bamilékés.

En filmant la préparation des cérémonies, François Woukoache interroge sa famille pour réfléchir sur le sens de son double héritage religieux. "*A travers le portrait de mon père, j'ai cherché ce que signifie être Camerounais aujourd'hui*, déclare le jeune réalisateur. *Au Cameroun, on connaît seulement les rites traditionnels, sans avoir conscience de leur signification. Le sens du sacré se perd, remplacé par la religion catholique. Les évêques ont un grand pouvoir dans le pays.*"

Pour exprimer le mélange de culture animiste et d'éducation catholique reçus, Woukoache utilise le documentaire subjectif. "*C'est vrai que je me sens plus à l'aise pour filmer la messe que les cérémonies de village*", reconnaît-il. Dans *Melina* ("l'habit du deuil", en bamiléké), des silences et des images de ciel apportent aux témoignages un écho plus mystique. C'est ainsi que Woukoache recherche un style personnel pour élargir ses interrogations : "*Le cinéma est une sorte de trace qui doit être prolongée par la discussion. Il faut bousculer les gens dans leur quotidien et leur donner une autre image de l'Afrique*".

Et de poursuivre : "*Un des axes de Melina était une interrogation sur le silence d'un Dieu que les membres de ma famille reconnaissaient comme le leur et dont le film disait en fin de compte qu'il n'était définitivement pas le mien. Tout simplement parce que je fais partie des orphelins des millions d'Africains déportés et jamais revenus, orphelins de ceux qui ont franchi la porte qui les coupait définitivement de cette terre où était enterré leur cordon ombilical. Leur silence nous condamne à la souffrance des orphelins en quête d'un héritage enfoui dans la nuit des temps et des consciences*".

Michel Amarger

1991, 16 mm coul., 52 min. prod. Qwazi Qwazi Films (Belgique) / Zala Men Prod. (Cameroun).

L'Auberge du Salut : un feuilleton contre l'intégrisme

L'action se passe dans une cité de Libreville. Angélique a entre 23 et 25 ans et vit avec son frère et sa mère, Mme veuve. A la mort de son mari pour se protéger des vicissitudes de la vie, Mme veuve bascule dans la religion pour se mettre sous la protection de la communauté de fanatiques Frères et Sœurs du Christ. Sa maison devient alors un sanctuaire où se retrouvent tous les jours ses "frères et sœurs en dieu" pour des réunions et des prières. Angélique, qui a accepté la religion pour ne pas contrarier sa mère, commence à étouffer. Elle voit les autres filles s'amuser et ne peut s'empêcher de les envier et de chercher une occasion de quitter le domicile familial.

Un beau jour, une maison se libère et le fils du propriétaire, Regal, un musicien décide de récupérer ce logement pour en faire une auberge. Ce garçon qui a bourlingué et croque la vie à pleines dents, craque pour Angélique. Il la courtise. Tout en appréciant son amitié, Angélique le tient à distance compte tenu de ses convictions religieuses, mais comme elle veut vivre autrement elle accepte de travailler avec lui à l'auberge, et quitte donc le foyer familial. Pour sa mère, l'artiste musicien est l'incarnation de Satan. Elle va donc tout faire pour la récupérer. Malgré leurs parents qui s'opposent à ce mariage, les deux jeunes gens bien qu'il ne soient pas de la même ethnie, décident de se marier.

L'Auberge du salut, produit à l'initiative du CENACI (Centre nationale du cinéma gabonais), est le feuilleton africain par excellence. A l'instar des soaps américains, il traite à la fois de sujets légers et graves touchant la société africaine. Il met en face deux mondes, celui schématique et manichéen des "illuminés" de la religion et l'autre, ouvert, généreux, des gens de l'auberge. Le but ultime du feuilleton est selon Charles Mensah, directeur général du CENACI, de traduire "*nos réalités, nos contradictions et nos préoccupations. Il est issu de l'observation que nous avons faite de notre société aujourd'hui. On assiste ainsi à la résurgence de certaines croyances. La croyance en elle-même est une très bonne chose mais devient perverse quand on va vers le fondamentalisme et l'intégrisme dont on connaît les méfaits. Nous avons alors conçu un argumentaire mettant face à face deux modes de vie à travers deux familles. Notre message est celui de la tolérance. Ce thème a été choisi après l'appel que nous avions lancé aux écrivains et cinéastes gabonais. De toutes les propositions, nous avons retenu le concept proposé par l'écrivain Laurent Owondo*" (*L'Union* du 27 avril 1994). Pari réussi.

M'Bissine Diop

La Genèse, de Cheikh Oumar Sissoko (Mali)

« *Pourquoi as-tu créé les frères pour qu'à chaque génération revienne ce vent sec et cette soif ?* » Surgissent aussitôt en nos têtes les images des génocides rwandais ou yougoslaves, de tous ces pays où les frères s'entre-déchirent. Dès son prologue, *La Genèse,* ce récit des aubes de l'humanité, est d'une poignante et douloureuse actualité. Mais il n'est ni *Le soldat Ryan* ni l'image misérabiliste des télévisions : il ne s'agit pas de seulement juxtaposer le témoignage et le recours à l'émotion pour écrire l'Histoire à la Spielberg. Ce récit ne se contente pas d'explorer l'humanité des origines, il ausculte les tréfonds de l'homme. Et y trouve la violence inhérente à la fraternité humaine. Son actualité n'est pas d'en faire le constat : elle est d'analyser ce qui tente de s'accomplir par la violence. Pour converger vers la solution.

C'est ainsi que *La Genèse* nous aide à répondre à cette lancinante question : pourquoi l'horreur ? Si l'univers biblique a séduit l'animiste Cheikh Oumar Sissoko, c'est par sa proximité avec le contexte agro-pastoral malien et les récents conflits avec les Touaregs. Mais c'est sans doute aussi par l'accent que met le récit sur les patriarches et leur aveuglement coupable. Le réalisateur y trouve l'occasion d'approfondir sa réflexion sur le pouvoir : familial et patriarcal dans *Finzan*, politique dans *Guimba.* Et d'y ajouter une dimension essentielle pour les temps présents : le dépassement du conflit.

Olivier Barlet

1999, bambara, 35 mm, coul. 102 min. avec Sotigui Kouyaté, Salif Keïta, Balla Moussa Keïta, Fatoumata Diawara, Hélène Diarra.
Cf critique complète, synopsis et entretien avec Cheick Oumar Sissoko dans *Africultures* 18.

DR

ET NEGRITUDE...

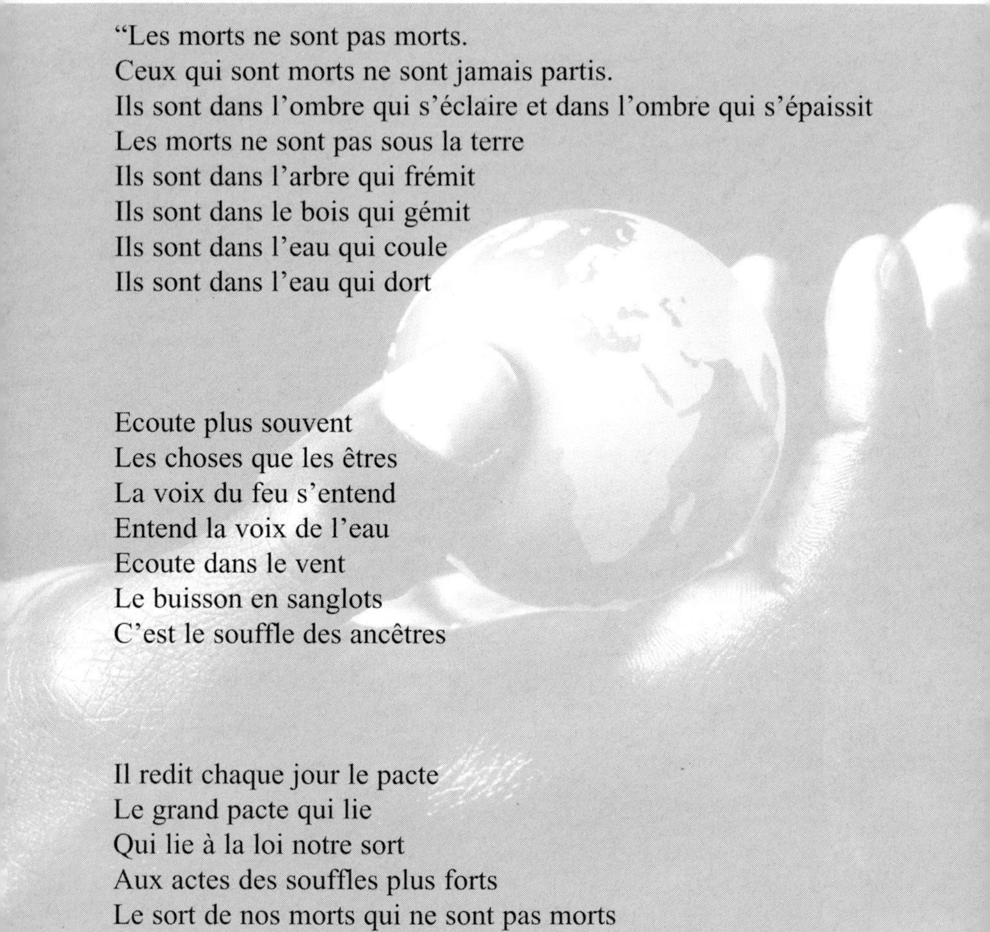

"Les morts ne sont pas morts.
Ceux qui sont morts ne sont jamais partis.
Ils sont dans l'ombre qui s'éclaire et dans l'ombre qui s'épaissit
Les morts ne sont pas sous la terre
Ils sont dans l'arbre qui frémit
Ils sont dans le bois qui gémit
Ils sont dans l'eau qui coule
Ils sont dans l'eau qui dort

Ecoute plus souvent
Les choses que les êtres
La voix du feu s'entend
Entend la voix de l'eau
Ecoute dans le vent
Le buisson en sanglots
C'est le souffle des ancêtres

Il redit chaque jour le pacte
Le grand pacte qui lie
Qui lie à la loi notre sort
Aux actes des souffles plus forts
Le sort de nos morts qui ne sont pas morts
Le lourd pacte qui nous lie à la vie
La lourde loi qui nous lie aux actes
Des souffles qui se meurent.

Birago Diop, *Souffles*

Le "souffle des ancêtres" est une morale de vie

Entretien avec Mansour Sora Wade

Dans "Le Prix du pardon", le réalisateur sénégalais développe une esthétique abstraite pour ouvrir la compréhension du lien avec les ancêtres.

Mansour Sora Wade, D.R.

Pourquoi avoir adapté le livre "Le Prix du pardon" ?

J'ai choisi ce livre de Mbissane Ngom, un écrivain sénégalais directeur d'école, car il a beaucoup observé la communauté Lébou, les habitants de la côte, avec un regard cinématographique, très imagé. Ce qui m'a impressionné dans ce livre ce sont les coutumes, les pratiques ancestrales, les pratiques animistes, ainsi que la notion de rapprochement entre les gens, de pardon.

Le film commence comme un conte : le griot raconte.

C'est un parti-pris de départ. Ce personnage n'existe d'ailleurs pas dans le roman. Il m'a semblé indispensable, pour me rapprocher de la structure narrative du conte. Au début, on ne voit juste une partie de son visage. On se rendra compte ensuite que c'est l'enfant qui a vécu cette histoire et qui la raconte une fois vieux. Certains personnages parlent de leur ancêtres qui sont représentés comme étant des animaux, le lion de la savane et le requin par exemple, qu'on l'appelle en wolof le lion de la mer. Au Sénégal, les gens en général ont toujours un animal totem : Sène veut dire le lièvre par exemple, tous les noms correspondent à un animal.

Baye Sogui, le père de Yatma, un des deux héros, est moribond. Or il est le dépositaire de la spiritualité du village.

A l'origine ce nom vient d'un personnage qui a réellement existé. Une plage porte son nom à Dakar : il connaissait les secrets de la mer et a eu des pouvoirs mystiques. Sur cette plage, les Lébous de Dakar continuent aujourd'hui encore à faire des sacrifices, des offrandes aux ancêtres, par exemple pour avoir de la pluie. C'est une cérémonie pendant laquelle les hommes se déguisent en femmes et les femmes en hommes.

Dans le film, Baye Sogui est-il aussi le dépositaire de la sagesse ancestrale des secrets ?

Oui. Les villageois rappellent qu'il avait fait des sacrifices aux

Le Prix du pardon, de Mansour Sora Wade

Un étrange brouillard recouvre un village de pêcheurs au Sénégal. On chuchote, on parle de malédiction. Baye Sogui le vieux chef spirituel se meurt. Son fils Mbanick, et son ami d'enfance rivalisent pour séduire Maxoye, la plus jolie fille du village. Quand Baye Sogui meurt, il transmet son savoir à son fils, à son corps défendant. Mbanick ose défier les esprits et parvient à faire disparaître le brouillard.

Le village reprend vie, les pêcheurs repartent en mer. Mais la jalousie de Yatma va crescendo. Une nuit, il assassine Mbanick et fait disparaître son corps en mer. Peer, le père de Yatma impose le silence sur le crime de son fils.

Maxoye n'accepte d'épouser Yatma que pour venger Mbanick : il élèvera l'enfant de sa victime. Les années passent, Maxoye continue de se refuser à Yatma et lui fait subir humiliation sur humiliation.

Le temps et l'amour profond de Yatma jouant contre elle, elle finit par accepter son amour. Yatma reprend goût à la vie. Mais du fond de l'océan, viendra la vengeance de celui qui n'a pas pardonné.

M'Bissine Diop

35 mm couleur. Sénégal 2001. mus. Wasis Diop et Loy Ehrlich, avec Hubert Koundé (doublé en wolof par Makéna Diop), Rokhaya Niang,Gora Seck, Alioune Ndiaye, Nar Sène, Thierno Ndiaye Doss, James Campbell, Diénaba Niang.

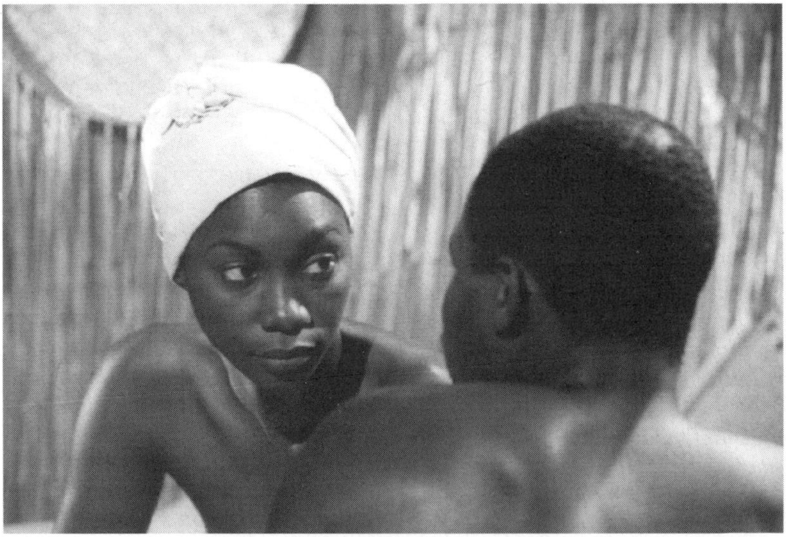

Le Prix du pardon, de Mansour Sora Wade © Dou Matar

ancêtres pour faire partir les sauterelles. Il est de même intervenu l'année de la grande sécheresse, point de départ du film. Malade, il ne peut chasser l'étrange brouillard qui a envahi le village, mais son fils Mbanick ne veut pas prendre sa succession. Lorsqu'il le dit à son père, Baye Sogui lui répond que son savoir est déjà dans son sang. Le savoir des ancêtres se transmet de manière héréditaire.

La jalousie entre les deux jeunes gens Mbanick et Yatma à cause de la belle Maxoye va provoquer le meurtre mais une autre réalité est là, puisque Mbanick se transforme en requin.

Tout à fait. Mbanick raconte d'ailleurs au début du film qu'il est de cette lignée, puisque que son ancêtre en pêchant en eau profonde rencontra un monstre des mers avec lequel il fit un pacte pour lui permettre de détenir certains pouvoirs, dont celui de se transformer en requin. Dans le film, à sa mort, arrive un mystique musulman qui pourtant reconnaît Baye Sogui. Même au niveau de l'Islam, aujourd'hui, on continue à accepter ces pratiques, parce qu'elles sont dans nos traditions.

Les spectateurs européens ne vont-ils pas prendre le film seulement comme un conte ?

Le conte existe dans toutes les cultures. Moi, je pense que c'est une manière de parler d'une certaine vérité. C'est une histoire universelle, puisqu'il s'agit d'amour, de haine, de vengeance. Ce qui peut échapper au public occidental, ce sont les symboles, les expressions de la tradition. Je les pose puisque c'est ma culture. Il faut que les gens apprennent à venir vers l'autre, pour le comprendre. Le cinéma peut aider à briser les préjugés vis-à-vis de la culture des autres.

A comprendre le lien entre l'homme africain, la nature et les ancêtres, ces morts qui ne sont pas morts, comme dit le poète Birago Diop ?

L'être africain est resté très attaché à la nature. Les ancêtres sont dans le vent, dans l'eau, partout. On ne les voit pas, mais on continue à croire à leur existence. Chez nous, les Lébous, quand tu n'es pas bien, on te dit d'aller te baigner à la mer, pour retrouver tes esprits. Dans ma famille, nous avons un autel familial. On continue une fois par semaine à verser du lait caillé pour les ancêtres. Quand on a un problème, une maladie, on verse du lait caillé ou on tue un poulet. Tous les ans, on demande une somme d'argent aux membres de la famille pour les ancêtres.

C'est un devoir et c'est aussi une responsabilité parce que si jamais les choses ne sont pas faites en règle, les ancêtres se manifestent ?

Exactement. Et c'est pour ça que, malgré mon éducation occidentale, je fais mon devoir, qui est de participer, de donner. Il y a eu un moment dans ma vie où j'ai pensé et agi autrement. J'étais assez mal, désemparé. Quand mon cousin m'a dit qu'il fallait faire un sacrifice,

Le Prix du pardon, de Mansour Sora Wade © Dou Matar

je l'ai fait. Je me suis "retrouvé" et je crois que je le dois aux ancêtres ! Le "souffle des ancêtres" est une morale de vie. Mbanick réagit. Il ne sait pas pourquoi, mais il se met à abattre un arbre. Il finit par accepter la charge du savoir, ce qui lui permet de chasser le brouillard.

Et si Yatma meurt entraîné dans la mer par Mbanick "le requin", c'est aussi parce qu'il est coupable d'un meurtre : encore une morale ?

Tout à fait. Le requin on ne le voit pas. Je préférais qu'on reste dans l'imaginaire. Yatma disparaît sous l'eau, et pour tous, c'est parce que Mbanick s'est transformé en requin. Le spectateur est en face d'un tableau abstrait où chacun peut voir et trouver ce qu'il veut. C'est pour çà que j'ai choisi cette esthétique au niveau des couleurs, des costumes, des musiques, pour amener les gens dans le mystère et l'imaginaire.

propos recueillis par
Catherine Ruelle

dossier

***Yeelen*, de Souleymane Cissé**

Souleymane Cissé, DR

Yeelen (la lumière, en bambara) est un parcours initiatique : l'initiation d'un jeune Bambara, il y a quelques siècles, dans une famille de sorciers. Nianankoro, un jeune homme, va recevoir le savoir destiné à lui assurer la maîtrise des forces qui l'entourent. Cette connaissance est "le komo" que les Bambaras se transmettent depuis toujours, de génération en génération. Le père supporte mal de voir son fils devenir son égal. Pour qu'il échappe à sa folie meurtrière, la mère éloigne Nianankoro. Il acquiert peu à peu les éléments de la connaissance ultime, et de ses nouveaux pouvoirs il devra inévitablement affronter en un combat mortel la colère et les pouvoirs de son père.

Comme l'Afrique qu'il dépeint, Yeelen est un film magique et ensorcelant, d'une beauté éblouissante et envoûtante. Un film de violence et d'initiation qui ne ressemble à aucun autre. Il connut à sa sortie une consécration internationale (primé au festival de Cannes en 1987).

Dans un entretien avec Marie-Roger Biloa, Souleymane Cissé déclarait : "*Il est temps de montrer notre continent avec dignité et noblesse. Notre culture n'a rien à envier à celle des autres. Et nous, cinéastes, avons un rôle primordial à jouer : corriger l'image que le regard des autres nous a renvoyée pendant des lustres. Le sujet de Yeelen est la saga des Bambara mais aussi la connaissance, ce que l'homme fait du savoir qu'il acquiert. Le fils, héros du film va se trouver détenir plus de connaissance que son père. Le vieil homme ne peut le supporter. Sa colère va se déchaîner, le transformer en bête furieuse. La rencontre entre les deux hommes à la fin du film symbolise la guerre, la grande tuerie, la folie de l'homme. Mais cet affrontement crée aussi la lumière, la renaissance d'un monde qui ne sera jamais détruit : il y aura toujours un signe d'espoir.*"

Souleymane Cissé est né en avril 1940 à Bamako. Photographe, il obtient une bourse d'études pour suivre un stage de projectionniste à Moscou. Une seconde bourse lui permet de suivre des études de cinéma au VGIK (Moscou). De retour à Bamako, il est employé au ministère de l'Information en qualité de réalisateur de reportages et de documentaires. Il se lance dans la réalisation cinématographique avec le moyen métrage *Cinq jours d'une vie*. Son premier long métrage *Den muso* - premier long métrage de fiction malien en bambara - sera interdit. Il réalisera ensuite *Baara* (le travail, 1977), *Finye* (le vent, 1982), *Yeelen* (la lumière, 1987), *Waati* (le temps, 1995).

Yeelen, DR

Il faut une nouvelle génération

Entretien avec Flora Gomes

Sélectionné en compétition officielle au festival de Cannes en 1996, Po di Sangui est un regard essentiel sur le devenir écologique et spirituel de notre planète.

Flora Gomes © Olivier Barlet

Pourquoi ce film ?

Po Di Sangui parle du rapport entre l'homme et la nature. C'est une histoire réalisée par un Africain, tournée sur la terre africaine, et c'est aussi une histoire universelle. C'est une vraie préoccupation pour moi en tant que créateur : je pensais qu'il était nécessaire de parler de cette confrontation culturelle : la conservation de nos traditions ou bien les chocs de la modernisation. J'ai choisi comme thème central de mon film le symbole de l'arbre. Pour moi, un homme qui plante un arbre est quelqu'un qui a l'esprit ouvert et c'est pour cela qu'il m'a semblé important de traiter ce sujet de cette manière là.

***Il est assez différent de vos deux films précédents :* Mortu Nega *et* Les Yeux bleus de Yonta.**

Flora Gomes

"*Chaque fois qu'un Africain arrive à faire un film, c'est une victoire ; car il n'est pas évident de mettre en place un film. Chaque metteur en scène est un solitaire qui fait le tour du monde pour trouver de quoi faire un film*". S'il faut voyager pour réunir le financement, Flora Gomes n'a pas besoin d'aller loin pour trouver ses sujets. C'est dans l'histoire de son pays, la Guinée Bissau, où il est né en 1949, qu'il puisse son inspiration. De l'histoire révolutionnaire de son pays, résultera trois brillants longs métrages : *Mortu Nega* (1988) évoque la libération de la colonisation portugaise, hommage à la lutte pour la dignité des combattants de l'indépendance. *Les Yeux bleus de Yonta* (1992), sélectionné au Festival de Cannes dans la section "Un certain regard", est un regard sur une communauté urbaine mettant face à face la génération de la guerre et celle qui ne l'a pas connue. *Po di Sangui* est un regard sur la société de Guinée Bissau et sur l'Afrique mais aussi un regard extérieur. Parti d'une tradition animiste en Guinée Bissau qui dit que chaque arbre planté à la naissance d'un enfant est dépositaire d'une âme, Flora Gomes réalise une fabuleuse fable écologique. Cet ancien étudiant à l'Institut Cubain des Arts est un homme marqué par l'histoire de son pays. Chacun de ses films est l'occasion d'aborder son thème de prédilection : celui de la difficile coexistence des traditions et des exigences modernes du développement.

M'Bissine Diop

Quelle chemise prendre ?

Mortu Nega était un hommage à la lutte pour la dignité des combattants de l'indépendance. *Les Yeux bleus de Yonta* était un regard sur une communauté urbaine. Dans *Po di Sangui*, j'ai voulu rechercher mes origines. La tradition est une source d'inspiration pour la vie présente et pour comprendre ce que nous sommes devenus. Notre problème est de savoir quelle chemise prendre car dans les pays chauds, il ne s'agit pas de porter les mêmes manteaux qu'en Europe !

Nos films provoquent des débats. Le cinéma joue un rôle important en Afrique, le pourcentage d'analphabètes étant très élevé. Le public perçoit bien l'intention des fictions que l'on fait.

Nous ne pouvons comprendre la société moderne qu'en tenant compte de ses bases culturelles traditionnelles. Le retour au village que j'opère est une recherche d'inspiration. Nous n'avons pas de littérature écrite ancienne mais les statues, les tissages de nos pagnes nous portent également à réfléchir. Les morts restent proches de nous. L'aller-retour est permanent. L'interrogation des ancêtres est possible. Un malade s'interrogera sur ce qu'il a fait de mal : cela fait partie de nos traditions. Il ne faut pas que cela nous empêche de nous développer ni de maîtriser la science et la technique. Nous faisons partie du monde d'aujourd'hui et devons profiter de ses progrès, mais le fait d'utiliser une caméra, un travelling ou une table de montage, ne doit pas m'empêcher de m'interroger sur mon origine. Notre inspiration doit venir des aspects positifs de notre société, comme le disait Amilcar Cabral.

propos recueillis par Olivier Barlet

Oui; complètement. Dans *Po di Sangui*, je voulais montrer une société africaine symbolique. Avec Anita Fernandez, ma co-scénariste, nous n'avons pas voulu un village africain réaliste. Nous voulions aller au-delà du réel, au-delà de l'apparence, entraîner le spectateur dans l'imaginaire et le spirituel au-delà des êtres eux-mêmes. Je pense qu'il faut vraiment avoir l'envie et le courage d'accepter d'autres valeurs culturelles, d'accepter cette différence qui à la fois en est une et pas puisque toutes les sociétés entretiennent un rapport particulier à la nature et au spirituel.

La spiritualité africaine reste le thème central de* Po di Sangui*, qui veut dire l'arbre aux âmes. Il aborde aussi la gémellité, fondement de nombreuses cosmogonies africaines.

Avec ce film, j'ai voulu montrer ce à quoi je tenais. Ou plutôt poser des questions. Est-ce que nous voulons continuer en gardant toutes nos traditions ? Est ce que nous voulons sacrifier une partie de nous-mêmes qui fait partie de notre tradition et rejoindre la pensée occidentale, celle des pays que l'on appelle développés ? Est ce que nous voulons rester comme nous sommes en regardant le développement de loin comme un mirage dans le désert ?

Cependant, je parle de valeurs aussi, la solidarité par exemple qui existe dans cette petite communauté que je montre dans le film.

Po di Sangui

Dans le village d'Amanda Lundju, une tradition veut qu'à chaque naissance, on y plante un arbre. Ces arbres grandissent avec l'enfant, le dépassent, lui survivent et deviennent l'âme des villageois. Quand Dou le nomade, qui est le jumeau de Hami, revient de la savane, son frère vient de mourir. De quoi est mort Hami ? Quel mal ronge Amanda Lundju ? Quand les forestiers de la grande ville arrivent au village pour convoiter la forêt, tout bascule. Colacalado, le vieux sorcier sur qui pèse la responsabilité spirituelle de la communauté, ordonne l'exode, confie la mission à Dou et demande à Saly, la fiancée de Dou, de guider le village vers le soleil. Ils iront jusqu'au désert pour un voyage initiatique. Et c'est la naissance d'un enfant qui les ramènera au village pour planter un nouvel arbre. Po di sangui est le terme créole pour désigner le "bois rouge". Littéralement, son nom signifie le "bois de sang". Ce film montre la tragédie de toute une communauté expulsée de sa forêt et jetée sur les routes de l'exil mais il peut apporter un message d'espoir, celui de la renaissance d'une société de ses cendres. Possible fable écologique pour l'Occident, le film est défini par son réalisateur comme "*une parabole sur l'avenir d'une société du Tiers-monde et une réflexion sur le rôle des Africains dans le monde.*" A l'instar de Souleymane Cissé, Flora Gomes choisit la parabole plutôt que la dénonciation directe. *Po di Sangui (L'arbre aux âmes)* est un récit optimiste, développé grâce à une coproduction entre la Guinée Bissau, la France et la Tunisie.

M'Bissine Diop

35mm, couleurs, 90', avec Ramiro Naka, Bia Gomes, Edna Evora, Adama Kouyaté, Dadu Cissé.

Po di Sangui © A. Bailhache

Po di Sangui © A. Bailhache

Cette façon d'être ensemble, de vivre ensemble, peut permettre d'atténuer les soucis, les souffrances de chacun. Cette solidarité n'existe plus dans certain pays développés, cette tradition non plus, qui est importante à conserver.
Mais je ne donne aucune solution, je répète que je pose simplement la question de ce que l'Afrique veut ou non. Pour moi, il est très important de parler du passé, de notre passé. C'est la seule façon de mieux comprendre notre présent et de préparer notre avenir. Je ne suis pas un politicien, mais je pense que nous, les Africains, nous n'avons pas bien réalisé ce qu'était notre société avant l'arrivée des Européens. Comment étaient nos ancêtres ? Comment vivaient-ils ? Quelles étaient leurs valeurs culturelles et spirituelles, leurs structures sociales, qu'on pourrait comparer aujourd'hui à celle des Etats en Afrique ? Concrètement, je pense que c'est important qu'on sache comment nos ancêtres géraient notre société.
Il faut aussi qu'il y ait une révolution dans nos têtes, car le vrai problème ici, c'est un problème de mentalités. Il faut qu'il y ait une nouvelle génération qui ose dire les choses telles qu'elles sont, comme elle les pense, pour conserver ce que nous possédons de plus profond. Comme çà, on pourra revenir chez nous et laisser des traces positives pour les générations futures. Autrement, nous n'existerons jamais.

propos recueillis par
Catherine Ruelle

“Le salut ne peut venir que de nous-mêmes”

Entretien avec Ababacar Samb-Makharam

Grand classique des cinémas d’Afrique, film magnifique, *Kodou* pose la question du rapport à sa propre culture en matière thérapeutique.

Comment avez-vous été amené à tourner “Kodou”?

J’ai été formé au Centro Spérimental de Rome. Voici quelques années, j’avais tourné un court métrage intitulé “*Et la neige n’était plus*”, dans lequel j’exposais les problèmes qui se posent aux intellectuels africains déracinés, à leur retour d’Europe. Je songeais à *Kodou* depuis quatre ans : c’est à cette date que j’avais lu la nouvelle inédite d’Annette M’baye d’Erneville dont j’ai tiré le synopsis de *Kodou*. Mon ambition était de tourner ce film en 35mm et en couleurs. Mais comme vous le savez nous avons les plus grandes difficultés à Dakar pour trouver des budgets. J’ai été l’heureux lauréat d’un concours du meilleur scénario organisé en 1970 par l’Agence de Coopération Culturelle et Technique. C’est avec le prix ainsi remporté (100 000 NF) que j’ai tourné “*Kodou*”, en 16mm et en noir et blanc. Le tournage a duré cinq semaines, a été assez difficile, surtout à cause du vent (en mars/avril 1971). J’ai eu aussi des problèmes avec certains acteurs. Des plans qui auraient dû être filmés le soir l’ont été le matin, et vice versa. Je souligne que toute mon

Ababacar Samb-Makharam, DR

équipe était sénégalaise, à l’exception d’un preneur de son québécois et des quelques acteurs français nécessaires au scénario. Tous mes acteurs sénégalais sont non-professionnels, sauf trois. L’actrice principale, Fatou Fall, je l’ai trouvée, par hasard, un jour dans la rue. Mon opérateur s’appelle Baïdy Sow.

Dans “Les damnés de la terre”, Frantz Fanon dit que le cheminement de l’intellectuel africain connaît trois stades : 1° L’intellectuel cherche à assimiler la culture de l’Occident colonisateur et à s’assimiler à son monde. 2° L’intellectuel, rejeté par l’Occident, effectue alors une plongée dans la culture de son peuple et s’efforce même d’ “ingurgiter” les aspects franchement négatifs de cette culture.

Joe Gaye Ramaka sur Ababacar Samb-Makharam

"Ababacar Samb est quelqu'un qui a tout le temps été habité par une très grande spiritualité. C'est l'un des cinéaste que j'admire le plus ici au Sénégal et qui a toujours été à la quête de l'homme. Tout son cinéma a été concrètement cela. Dans "*Et la neige n'était plus*", il posait toute la problématique du retour, mais pas d'un simple retour physique, du retour spirituel. Comment gérer de nouvelles valeurs, de nouvelles croyances, par rapport à celles qui sont toujours en cours dans le terroir ? Quand on prend à l'autre bout son dernier film *Jom,* qui veut dire l'honneur, c'était encore cette valeur extrêmement importante pour un homme d'être debout, d'être digne, qu'il a mis en pratique jusqu'à la fin de sa vie. C'est vrai que c'est un travail admirable. "*Kodou*" pose la même problématique. Ababacar n'était pas un cinéaste qui faisait des films en dehors de son propre mouvement, de sa propre quête. A chaque étape de sa vie de manière parfaitement sincère, il a traité une question qui existenciellement l'interpellait en tant qu'individu. C'est assez singulier même dans le cinéma en général. C'est un exemple extrêmement fort et je trouve magnifique qu'un cinéaste se confonde dans son œuvre avec ses préoccupations les plus intimes. C'est ça que j'admire chez Pasolini par exemple et que j'aime également chez Ababacar même si ce sont des cinéastes qui ont vécu dans des sociétés différentes.

3° Ne parvenant plus à se fondre dans cette culture dont il est partiellement sorti, l'intellectuel africain se voit contraint de sortir de l'impasse et de trouver une solution qui dépasse cette contradiction Tradition – Modernité : il se transforme alors en "réveilleur du peuple". Il m'a semblé que le héros de "Et la neige n'était plus" appartenait à la première catégorie, que vous-même à l'époque du tournage de ce film releviez de la seconde catégorie et que vous voici avec "Kodou" parvenu à la troisième catégorie. Etes-vous d'accord ?

Tout à fait. Et je souhaiterais que tous les spectateurs comprennent "*Kodou*" de cette manière. Je n'ai pas voulu "prêcher" dans "*Kodou*" (ce que j'avais fait dans mon court métrage) mais j'ai essayé de faire en sorte que l'on trouve tout seul ce que je voulais dire. Le sens de mon film (qui dépasse évidemment de beaucoup le simple niveau médical auquel il affecte de se fixer) c'est qu'il nous faut, nous les Africains, dépasser notre culture en nous appuyant sur elle. A la différence de Rouch dans "*Petit à petit*", je ne dis pas qu'il nous faut revenir totalement à nos "sources" (opération plus que problématique et qui plus est réactionnaire), je ne dis pas qu'il faut copier l'Occident (ce qui est du mimétisme), je dis qu'il faut dépasser cette contradiction, aller au-delà. Nous, Africains, nous avons les pieds au Moyen Age et la tête au XXème siècle : notre situation est très particulière, il convient donc que nous trouvions des solutions originales à nos problèmes. Dans notre culture, il y a des éléments qu'il nous faut conserver et d'autres qu'il nous faut radicalement éliminer car ils nous ont fait du tort et nous en font encore.

Le sens global de votre film n'a pas toujours été bien compris. Kodou

DR

Kodou, de Ababacar Samb-Makharam

Kodou, une jeune fille, décide de se faire tatouer les lèvres pour être comme ses amies. Mais le jour de l'épreuve, mal préparée, elle s'enfuit avant la fin de la cérémonie. Elle offusque ainsi les traditions séculaires du village, qui interdisent formellement aux femmes de quitter la cérémonie avant la fin. Dès lors la jeune fille est mise à l'écart de la communauté. Très affectée par ce rejet, Kodou va sombrer dans une folie violente qui la conduira dans un hôpital psychiatrique dirigé par des Européens. C'est un échec total. Finalement, Kodou sera soumise à une séance d'exorcisme traditionnel, le N'deup. Guérira-t-elle ? Ababacar Samb ne nous le dit pas, car son message est bien au-delà du simple niveau médical. Tel "l'intellectuel colonisé" décrit par Frantz Fanon dans "*Les Damnés de la terre*", Samb se positionne en tant que "réveilleur du peuple". Il invite les Africains à dégager une nouvelle culture africaine en puisant dans la tradition.

M'Bissine Diop

Sénégal 1971, 16mm, N et B, 100 min., avec Fatou Fall, Madeleine Diallo, El Hadji Seck, Daouada Seck, Dieynaba Niang.

guérit-elle ou non ?

Je laisse entendre qu'elle guérira peut-être. Voyez-vous, j'ai assisté durant un an aux entretiens qu'un psychanalyste français qui exerce à Dakar (le professeur Colomb) avait avec ses malades. Ce spécialiste s'est aperçu qu'il était nécessaire pour guérir un patient de le resituer dans son contexte socioculturel et en tous les cas de tenir compte du milieu dans lequel il évoluait. Dans le cas de Kodou, puisque c'est la tradition qui l'avait mise en état de rébellion, seule la tradition assumée d'une autre manière pouvait la rééquilibrer. Je ne dis aucunement que j'approuve la cérémonie traditionnelle par laquelle on s'efforce de guérir Kodou : je l'ai filmée telle qu'elle se déroule encore aujourd'hui dans la réalité. Parce que cette scène est spectaculaire et peut-être poétique, on a cru que je l'exaltais au détriment de la thérapeutique moderne et occidentale. On aurait tort de lire dans mon film une apologie anti-psychiatrique (aussi bien le niveau médical n'est-il pour moi qu'un prétexte, un symbole). Que nous choisissions pour nous développer la voie capitaliste ou la voie socialiste, il est indispensable que nous résolvions nos problèmes culturels (au sens large du terme), et que nous réglions nos comptes tant avec la culture occidentale importée qu'avec notre culture traditionnelle. Mais pour réformer notre culture, il nous faut partir précisément de cette culture car le salut ne peut venir que de nous-mêmes.

propos recueillis par Guy Hennebelle
(Lettres françaises, 1971)

Une synthèse intérieure

Entretien avec Jo Gaye Ramaka

Dans des courts métrages comme "*Ainsi soit-il*" ou dans les longs métrages comme "*Nitt... Ndoxx ! Les faiseurs de pluie*", vous avez exploré la spiritualité sénégalaise.

Oui, c'est vrai que c'est quelque chose qui vient de loin. J'ai grandi dans une famille à une sorte de carrefour spirituel. J'ai un grand père que j'adorais qui jusqu'à la fin de sa vie est resté animiste. Mon père, qui est pourtant musulman, a voulu que les enfants suivent la religion de la mère, c'est quelque chose d'extrêmement rare. Et puis j'ai toujours constaté autour de moi que quand il y avait un enterrement d'une personne catholique, par exemple, les musulmans étaient là, les animistes aussi. Ça faisait une symphonie extraordinaire où chacun, partant de sa croyance, se retrouvait avec l'autre ou à côté de l'autre et communiait spirituellement. Ce qui fait qu'ayant une formation anthropologique, c'est dans ce domaine que j'ai commencé à travailler en me posant la question des croyances traditionnelles. Quelles étaient-elles ? Comment survivaient-elles dans un contexte ou entre temps le Sénégal avait été gagné soit par l'Islam, soit par le Christianisme. Et c'est tout le travail qui a été fait dans le long métrage *Nitt... Ndoxx !* C'était un travail sur les animistes. J'ai travaillé avec des prêtres qui, tout en pratiquant les rituels issus de leur pratique et croyance ancestrales, étaient officiellement soit musulman, soit catholique. Cela m'intéressait de voir comment ils réussissaient à faire la synthèse. Et ce que j'en ai retenu, c'est ce que me disait un vieux : ce qui est important pour l'homme, quelle que soit sa croyance, c'est la part d'amour de l'autre qu'il a en lui ; à partir du moment où un homme aime son prochain, à partir du moment où on accepte que l'homme soit le frère de l'homme, quel que soit son point de départ, on se retrouve sur l'essentiel.

Et cette synthèse, ils ne la faisaient pas avec d'autres mais en eux-mêmes, ce qui fait qu'ils pouvaient être musulmans ou animiste, spirituellement ça ne les gênait pas, au contraire ça les renforçait.

Il y a une séquence que j'aime beaucoup dans le film : un moment où on part des rituels de pluies animistes, pour arriver dans une église où à l'occasion on priait également pour que la pluie tombe et on termine dans une mosquée. Je me suis rendu compte que c'était le même espace rituel ; c'était la même foi. C'étaient les mêmes hommes qui étaient là et c'est ce Sénégal-là que je connais, c'est ce Sénégal-là que j'aime.

Dans "*Ainsi soit-il*", au-delà du problème de couple, il y avait l'animisme puisqu'on était baigné dans cette espèce de nuit fatale ?

"*Ainsi soit-il*" est parti d'une discussion avec Wole Soyinka que je n'ai

Ainsi soit-il, DR

pas pu terminer. Nous parlions d'une de ses pièces de théâtre ou il mettait en scène une sorte de Christ Noir. Je ne partageais pas les conclusions de la pièce de théâtre et je lui disais que j'aimerais continuer le débat avec lui à travers un film. C'est devenu "*Ainsi soit-il*" : je raconte l'histoire d'une personne qui revient au village, un village ancré dans un certain nombre de croyances, notamment celle qui veut que quand ça va mal, il faut pouvoir faire un sacrifice.
Dans la Bible, Abraham pour ne pas sacrifier un homme, sacrifie un agneau. Ou bien il faut sacrifier une bête, sacrifier un homme pour réussir à absoudre les péchés de l'homme. C'est une question récurrente de l'histoire de l'humanité.
Cet instituteur rentrait au village en refusant dorénavant de se fondre dans cette mouvance. Il décide de faire rupture mais il est dans une quête purement individuelle.

propos recueillis par Catherine Ruelle

***Nitt... Ndoxx ! Les Faiseurs de pluie*, 1988, 16 mm gonflé 35mm, coul, 86 min., avec Joe Ramanjeliffa.**
***Ainsi soit-il*, 1997, 35 mm, coul, 33 min., collection Africa Dreamings, avec Félicité Wouassi et Alex Descas.**

Saïtane, de Oumarou Ganda

Troisième film du réalisateur nigérien Oumarou Ganda, *Saïtane* - qui signifie Satan en français - est l'histoire d'un jeune couple dont la femme se laisse séduire par un riche commerçant. Ses amours clandestines seront organisés par un marabout qui la conduit sur un mauvais chemin. Brouille dans le ménage. Le père de la jeune femme veut reprendre sa fille et son petit-fils mais le mari s'y oppose car les considérant comme sa propriété. Quant au marabout, il sera puni, ridiculisé et perdra son influence sur le village. Il ne trouvera de remède à sa déconfiture que dans le suicide. Oumarou Ganda dénonce comme dans le *Wazzou Polygame* la tartuferie religieuse, le fétichisme et les croyances occultes faisant tant de dupes et enrichissant les escrocs en Afrique. Ainsi, il tourne ostensiblement en dérision un marabout qui, bien que semant la zizanie dans les ménages, était vénéré de tous dans son village. Saïtane est un remarquable tableau des mœurs et une merveilleuse satire sociale.

1972, 35 m coul., 55 min. avec Zalika Souley, Moussa Alzouma, Damouré Zika, Oumarou Ganda, Amadou Saley, I. Hassane.

Saïtane, DR

Oumarou Ganda

Grand cinéaste nigérien décédé en 1981, Oumarou Ganda fait son entrée dans la monde du cinéma par la grande porte. En 1957, il rencontre l'ethnologue cinéaste français Jean Rouch lors du tournage de son film "Moi, un Noir"dans lequel il décroche un rôle, "son rôle" car il y interprétera un ancien militaire d'Indochine, fonction qu'il a occupée de 1951 à 1955 dans le corps expéditionnaire français dès l'âge de 16 ans.

Mordu par cette expérience, Ganda s'inscrit à la section cinéma du Centre culturel de Niamey et s'initie pendant un an à l'art de la caméra. En 1968, il tourne son premier scénario *Cabascabo* grâce à une bourse. C'est un film autobiographique où il relate une partie de sa vie de soldat en Indochine et les conditions de son retour au pays. Le film sera présenté au festival de Cannes en 1969. C'est le début d'une brillante carrière : *Le Wazzou polygame* (1970) tiré d'un fait divers, *Saïtane* (1973), et son dernier film *L'Exilé* qui pose la problématique de la parole donnée, considérée comme sacrée dans l'Afrique ancestrale. Digne représentant de son pays, Oumarou Ganda est au Niger ce qu'Ousmane Sembène est au Sénégal. Homme modeste, autodidacte au franc-parler et considéré comme l'un des meilleurs sur le continent par ses collègues, ses films sont à son image : criants de simplicité.

M'bissine Diop

Oumarou Ganda sur le tournage de *Saïtane*, DR

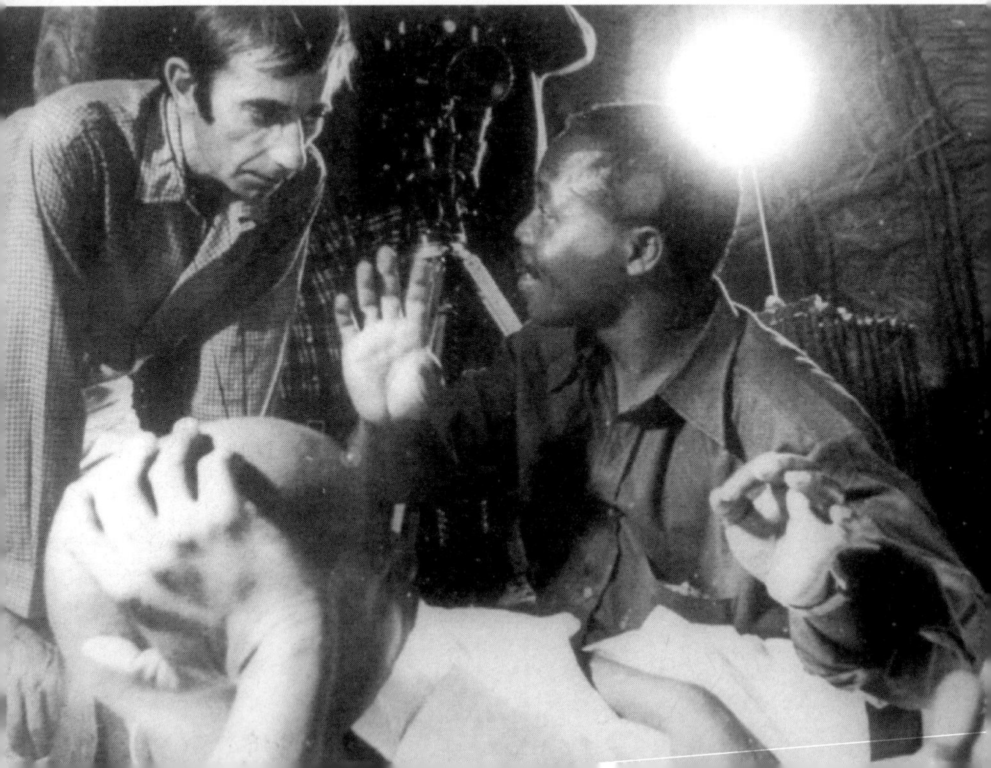

Kaka Yo, de Sébastien Kamba

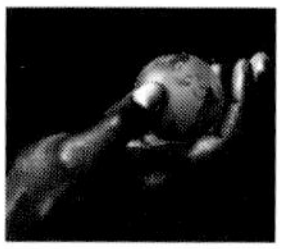

Deux jeunes gens s'aiment et désirent se marier, mais un sorcier conseille au fiancé d'éprouver les sentiments de sa promise. L'épreuve : le jeune homme disparaît, la jeune fille doit le rechercher, en sachant que si elle ne le retrouve pas, elle le perd. Dans sa quête, elle est protégée par un mystérieux enfant qui la guide avec le chant de sa guitare.

Vibrante histoire d'amour, *Kaka Yo* qui signifie en lingala "rien que toi", entremêle la vie moderne, la jeunesse de Brazzaville de l'époque, les danses européennes en vogue dans les années 1960, et la vie initiatique, le sorcier, son pouvoir spirituel et rituel : "*je m'occupe de votre destin*," dit-il.

Magnifiquement filmé , le film est une ballade à la première personne, sur les pas d'une jeune femme belle et solitaire, guidée par un gamin qui incarne l'esprit de l'amour. Un film peu vu, mais un vrai bijou.

Congo 1965, 30'. 16mm N et B

Sébastien Kamba est né en 1941 à Brazzaville. Il sera enseignant puis passe avec succès un concours de recrutement pour la télévision congolaise. Il fait un stage en France au studio école de l'Ocora, dont il sort avec un diplôme de caméraman, poste qu'il occupe sept ans à la télévision congolaise, mais de plus en plus conscient de la puissance de la caméra, il réalise en 1962 son premier film *Le Peuple du Congo-Léo vaincra*, premier film de l'histoire du cinéma congolais avant de réaliser au sein de l'équipe du Caméra-Club de Brazzaville, *Kaka Yo*, puis en 1973 son premier long métrage *La Rançon d'une alliance*. Depuis Sébastien Kamba a tourné de nombreux courts métrages documentaires, mais n'a jamais pu revenir, faute de moyens, à la fiction. Il est l'auteur de "*Production cinématographique et parti unique : l'exemple du Congo*" (L'Harmattan, 1992).

Kaka Yo, DR

La Bataille de l'arbre sacré, de Wanjiru Kinyanjui,

une comédie décontractée

La Bataille de l'arbre sacré, D.R.

Après Ann G. Mungaï auteur de *Saïkati* en 1992, Wanjiru Kinyanjui s'est lancée dans le long métrage. *La Bataille de l'arbre sacré* était au départ un scénario conçu dans le cadre des études de Kinyanjui en Allemagne, où elle résidait depuis 1978. La réalisatrice, qui a travaillé pour la télévision allemande, a su convaincre des producteurs français d'épauler son projet. En compagnie de quelques techniciens français dont le cameraman François Klotarski, elle est revenue tourner au Kenya. Les prises de vue ont eu lieu à dix kilomètres de Nairobi, dans le village de la cinéaste. Des professionnels de la télévision, recrutés sur place, ont complété l'équipe ainsi que des acteurs habitués aux téléfilms.

Le film met en scène un groupe de femmes chrétiennes déterminées à faire abattre l'arbre sacré du village de Kikuyu, dont l'existence concurrence, selon elles, leur prestige. Elles se mobilisent sans grand succès pour faire signer aux villageois une pétition susceptible de décider le maire à satisfaire leur requête. A l'agitation des chrétiennes, plus occupées d'assurer leur pouvoir que de pratiquer la charité, s'oppose l'ironie de Mumbi, une jeune femme émancipée. Celle-ci a abandonné un mari trop tyrannique et s'occupe de l'éducation de sa fille tout en travaillant au bar du village.

Lorsque les chrétiennes veulent couper l'arbre, Mumbi les suit dans la nuit, et les surprend avec son appareil photo alors qu'elles sont mises en déroute par des fourmis rouges. L'arbre est sauvé et les clichés amusent tous les clients du bar. La fable de Wanjiru Kinyanjui est plaisante comme une comédie de mœurs qui ne s'embarrasse pas de considérations techniques pour sensibiliser les spectateurs.

Michel Amarger

Kenya, 84 min., 35 mm couleur, scénario : Wanjiru Kinyanjui d'après une nouvelle de Barbara Kilmenyé, image : François Kotlarski, son : Hans-Joachim Beckmann, montage : Eva Lopez Echegoyen, musique : Mamadou Mbayé, avec Margaret Nyacheo, Catherine Kariuki, Roslynn Kimani, Titi Wainaina.

PERIPLANS

Les opportunités sont rares de voir sur les écrans les cinémas d'Afrique : les images des cinéastes africains témoignent pourtant d'un imaginaire et de réalités autrement plus nuancés, plus justes et plus vrais que ces “tristes tropiques”, ces images récurrentes de désolation, et de misère auxquelles les médias ont habitué le spectateur, ou le téléspectateur.

Et jusque dans les lieux traditionnellement ouverts à la diffusion de ces cinémas (les salles art et essai, rendons-leur cet hommage), l'Afrique est un peu passée de mode : le soleil qui se lève à l'Est n'irradie plus que cette région, l'Asie et l'Orient ont le vent en poupe.

Tant mieux pour la “diversité culturelle” à l'ère de la mondialisation. Un mouvement de mondialisation justement qui assaille le continent africain, le submergeant d'images de toutes provenances, et lui refuse paradoxalement la contre-partie d'offrir les siennes.

Et c'est là ou se situe l'esprit de notre démarche : il s'agit de poser des actions concrètes pour promouvoir les cinémas d'Afrique, de créer des débats autour des problèmes qu'ils rencontrent, de préparer un public occidental à des codes culturels différents et de contribuer à notre échelle à toucher les premiers concernés, les Africains.

Périplans est né du désir de diffuser un regard authentique de l'Autre pour aller vers Soi, et de Soi pour aller à la rencontre de l'Autre.

Périplans 17 -26 avril 2002

Au programme les arts de la rue, les Ciné-Contes avec Makéna Diop, et le cinéma : rétrospective de courts métrages, hommage à la cinéaste sénégalaise Safi Faye, programmation Islam croyances et négritudes, en partenariat avec Africultures, Awana Africa, Ecran, Peuples du Sud, Racines et RFI.

Les partenaires : le CROUS, le CNOUS, Le Conseil Régional Région Nord, le FAS, et les cinémas l'Univers (Lille), Studio 43 (Dunkerque), Méliès et Kino (Villeneuve d'Ascq), le Varlin et la salle de spectacle Les 4 écluses qui présentera l'Opéra BAYE FALL créé par Makéna Diop.

Rebonds

Les images meurent aussi...

par Pascal Blanchard et Eric Deroo

La journée du 11 septembre 2001 inaugure-t-elle le déclin des images en Occident ou l'émergence d'une autre forme de stéréotypie du monde qui nous entoure ? Le point de vue de l'historien Pascal Blanchard et du cinéaste Eric Deroo.

Depuis un certain temps, dans la guerre des écrans et des images, l'Occident semble se heurter à une nouvelle donne : ils "nous" répondent. De l'Afghanistan à Al-Jezira, des jeunes beurs envahissant le Grand Stade aux prêches de Ben Laden, un nouvel ordre mondial des imaginaires commence. Comme ces spectateurs qui jettent leur cannette de coca sur l'écran d'une salle de cinéma, les avions détournés à Boston par les *kamikazes* d'Oussama Ben Laden ont crevé la toile de l'immense projection que donne, en permanence, à voir d'elle-même l'Amérique du Nord. En choisissant parfaitement le lieu, l'heure et la chronologie des actions, afin qu'elles puissent être filmées et retransmises dans le monde entier, ceux qu'on a peine à qualifier tant il y a de stéréotypes à leur mesure, ont montré qu'ils possédaient — eux aussi — la maîtrise des images. Et, bien au-delà des images, celle des imaginaires.

Un pan de "notre" muraille s'effondre. L'image n'est plus l'arme absolue de l'Occident. Après plus d'un siècle d'instrumentalisation, elle est en train de se volatiliser dans le miroir de "l'ailleurs". À "nos" clichés, répondent "leurs" clichés : égalité parfaite, neutralisation totale. L'Occident ne peut plus construire, seul, les paradigmes du monde, sans susciter une contre-propagande aussi puissante. Le temps des imaginaires coloniaux, ethno-centrés, ou des stéréotypes dominants du Nord sur le Sud, mondialisateur, n'est plus. Beaucoup de choses ont été décrites depuis quelques semaines, mais c'est la réflexion de Raymond Depardon publiée dans *Le Monde* — parlant des artistes ou des photographes — qui nous semble le mieux illustrer notre propos : "*nous n'avons pas assez représenté* [jusque-là] *la montée du sentiment anti-occidental et anti-américain dans le monde.*" "*Nous*" n'avons pas, aussi, laissé l'autre produire "ses" images...

Si le XIXe siècle a inventé la photographie et le cinématographe, le XXe siècle occidental a imposé ses normes de prise de vues et ses codes de lecture. Des *zoos humains* — tournés par les opérateurs Lumière en 1896 au Jardin zoologique d'Acclimatation — aux westerns hollywoodiens des années 50, en passant par les productions coloniales des années 30, s'est forgée une représentation systématiquement dévalorisante de l'altérité où le seul héros reste le Blanc. Une codification fondée sur la peur de la différence, l'exotisme du lointain, les fantasmes de l'invasion, la sauvagerie du primitif ou la quête des paradis perdus, s'est profondément installée dans les mentalités et les regards européens. Pour les renouveler, une même technique est mise en œuvre : décors vides qui induisent l'attente et le danger, foules que l'on présuppose surexcitées, lâches et menaçantes, visages qui désignent le drame et la traîtrise, sans oublier la faune qui rôde aux alentours, à l'affût d'un cadavre à dévorer... Tout un ensemble composite que l'on retrouve génération après génération, des premiers films coloniaux de Duvivier (comme *La Bandera*) aux westerns de John Ford, en passant par les *Tarzan* hollywoodiens et autres superproductions rambomaniaques.

Pour valider cette construction, on s'adjoint, à la fin du XIXe siècle, l'autorité des *savants*, anthropologues ou explorateurs et, aujourd'hui, sur les télévisions notamment, celles des *experts*, militaires ou chercheurs. À travers toutes ces "brillantes analyses", l'Autre n'est jamais présenté, mais il représente. Pour s'en convaincre, il suffit de regarder quotidiennement les images du Proche-Orient ou celles d'Afghanistan. Le sujet filmé figure ce dont on a besoin qu'il soit à un moment précis. Avant-hier antique guerrier médiéval au cœur des montagnes d'Afghanistan, hier fier combattant de la liberté contre l'ogre soviétique, aujourd'hui fanatique islamiste aux desseins les plus barbares... Et pourtant, les stéréotypes sont les mêmes, le casting est identique, seule la dramaturgie s'est adaptée aux paramètres de "nos" intérêts fluctuants.

Mais voilà qu'un *intrus* est venu bouleverser les règles du jeu. Après avoir ravagé une partie de Manhattan, Oussama Ben Laden et son organisation *Al-Qaeda* se sont invités sur les écrans de nos TV grâce à la chaîne qatarie *Al-Jezira*. Désigné comme l'ennemi public "numéro un" par la moitié du monde, il s'affirme l'interprète de l'autre moitié. Indignation, inquiétude à Washington qui cherche comment reprendre la main dans cette guerre des écrans. Une forme de guerre qui ne doit pas échapper à ses inventeurs. Pour preuve, les formules pour décrire *Al-Jezira*, devenue la "*CNN arabe*", composée de "*journalistes formés à l'école de la BBC*", une chaîne que l'on accuse de vouloir faire du profit avec ces mêmes images et que l'on songe sérieusement à brouiller outre-atlantique pour des raisons stratégiques...

Serait-ce parce qu'elle fait une erreur de programmation, qu'elle refuse "nos" codes et "notre" scénario, qu'elle redistribue les rôles, qu'elle construit une autre propagande ? C'est tout en même temps, avec en prime la réapparition d'une vieille vedette : le *martyr* — un Che Guevara de l'islam — pour plus d'un milliard de musulmans. Dans ce choc des imaginaires, nous ne comprenons pas encore ce qui se passe tant nos certitudes sont épaisses. Nous avons inventé *Y'a bon Banania*, ce n'est pas l'Afrique noire ; nous avons inventé le "*fourbe fellagha*", ce n'est pas le Maghreb ; nous avons inventé le "*cruel Viet-Minh*", ce n'est pas le Vietnam ; nous avons inventé *l'indigène* puis *l'immigré*, c'étaient le temps des colonies... Nous avons systématiquement orientés ces images : du Nord vers le Sud.

D'un seul coup, tout change. Comme l'écrit Baudrillard (*Le Monde* du 3 novembre 2001), c'est une "somme nulle", qui vient d'anéantir toutes les projections, tous les imaginaires, toutes les idéologies... "Ils" viennent d'imposer leur propre sens, en direct, avec "leur" réponse préenregistrée. Anticipation des images, contrôle de l'action, découpage des séquences, bande-annonce des malheurs à venir, diffusion synchrone, référence à une histoire mobilisatrice forte (temps des croisades, fin du califat de 1924, Irak, Palestine...), construction d'un imaginaire prophétique adapté à des centaines de millions de téléspectateurs musulmans, suivant des codes parfaitement explicites renvoyant à l'hégire. Opulence démoniaque des uns contre dénuement diabolique des autres, dans tous les cas, chacun maîtrise désormais la fabrication des discours. Cette "égalité" dans le maniement des stéréotypes devrait conduire à leur neutralisation réciproque et une outrance des propagandes ; à une sorte de dissuasion, comme l'Est et l'Ouest la pratiquaient avec l'arme atomique. Cependant tout se jouait encore entre "civilisés". La guerre du Vietnam fut, en partie, gagnée par les Vietnamiens du Nord grâce au spectacle diffusé quotidiennement des horreurs américaines, mais c'était un spectacle qui s'inscrivait toujours dans un rapport, une vision occidentale, produits tantôt à Moscou, Paris, Berlin, Rome ou Varsovie...

Contre-feu à cet échec de communication, les scénarios de *guerre propre, frappes chirurgicales, zéro mort,* et autres *dégâts collatéraux* fabriqués dans les studios du Pentagone et complaisamment relayés par les médias depuis les opérations dans le Golfe et les Balkans ne font pourtant plus recette. L'absence d'informations, la manipulation grossière, désignent de nouvelles angoisses, suggèrent d'autres désirs. Le droit à l'image (qui impose logiquement aujourd'hui de demander une autorisation écrite à chaque individu filmé, dans le hall d'une grande gare parisienne ou dans un camp de réfugiés au Pakistan) témoigne d'une préoccupation morale autant que financière, partagée par l'humanité entière : "J'exige de savoir à quoi ça sert et... combien ça rapporte". Voir les Afghans ou Pakistanais, de plus en plus nombreux, qui rejettent actuellement la présence des caméras et des journalistes occidentaux.

Le temps de l'imaginaire "blanc" à la conquête du globe, légitimé après coup par la raison scienti-

Dessin de Mahjood paru dans Al Quds al-Arabi, Londres.
En arabe sur la tour de gauche : "Arabes", sur la tour de droite : "Musulmans".

fique, n'est-il pas révolu ? Ne doit-on pas se libérer du rationalisme arrogant qui le portait, repenser l'action ? Ne plus concevoir l'image comme un outil d'asservissement idéologique univoque mais comme l'un des acteurs, parmi d'autres, des échanges du réel. D'ailleurs, les publicitaires, toujours prompts à réagir, ne s'y trompent pas. Ils annoncent déjà la fin du “superflu” au profit de l'utile. Dans un autre domaine, la République française, phare des droits de l'homme, bien que n'ayant toujours pas assumé son passé colonial, tenait de longs discours autour de l'intégration. Elle vient de voir ses illusions voler en éclats sur la pelouse du Stade de France “envahie” par une jeunesse en quête d'image, à défaut de reconnaissance… Jean-Claude Maurice, suite à cet événement, n'écrivait-il pas : “*de grâce, ne tentez pas de faire croire qu'il ne se passe rien, que tout va bien, que tout est sous contrôle*” (*Le Journal du dimanche* le 14 octobre 2001).

Sans aller, comme Jacques Julliard, jusqu'à parler de la “*grande crise de la civilisation occidentale*” sous le titre provocateur “*Merci Ben Laden !”(Le Nouvel Observateur*, 11 octobre 2001), il convient, avec lui, de rappeler des évidences : “*nous ne sommes pas respectés parce que nous ne respectons plus.*” Il fait, lui aussi le lien avec “*ces milliers de sauvageons qui, au Stade de France, acclament l'Algé-*

rie où ils ne mettraient les pieds pour rien au monde, qui sifflent la Marseillaise*, scandent le nom de Ben Laden et bombardent les ministres présents avec des bouteilles vides..."* et dénonce ce "*choc des cultures à la française*" organisé par des ministres de la République. Et de conclure, qu'aux aspirations d'une jeunesse en quête d'identité, perdue entre une histoire coloniale non-assumée et une intégration de plus en plus théorique, nous "*répondons par du football*". La panoplie Nike aurait-elle remplacé le treillis des harkis ? En effet, il se passe quelque chose, lorsque notre culture n'a plus rien à proposer hormis des icônes vides de sens. Et cela va bien au-delà d'une "chasse à l'homme" au cœur des montagnes afghanes. Pour une fois, malgré les médias, les "*apparences ne seront pas sauves*" comme le souligne François Géré. Le retour au politique, au sens premier du terme, paraît urgent, en s'attachant à trouver, à réimaginer des rapports qui ne seraient exclusivement ceux d'un Occident imposant ses modèles au reste du monde. De toute évidence ce sera difficile, mais c'est aussi inéluctable. Loin de la "*guerre civile*" prophétisée par un Vladimir Volkoff, qui déclarait dans une récente interview donnée au *Figaro magazine* (le 11 août 2001) que "*la France risque de connaître des situations de guérilla*". Beaucoup plus, sur les traces, encore hésitantes et ambiguës, d'un Jean-Pierre Chevènement qui, dans les colonnes du *Nouvel Observateur* (31 octobre 2001) —, nous demande de commencer, chez nous, en offrant aux jeunes issus de l'immigration, "*une lecture non manipulée de notre histoire commune, ne dissimulant rien, ni les ombres ni les lumières*". Tout en étant réservé sur le "*passé colonial*" de la France et sur le paradoxe de cette histoire, Jean-Pierre Chevènement a le mérite de faire ce lien évident entre cette mémoire et ce qui vient de ce passé "*un soir d'automne au Stade de France".* Encore en effort, et nous commencerons enfin à décoloniser nos imaginaires... enfin, presque.

Pascal Blanchard et Eric Deroo sont tous deux chercheurs associés au GRD 2322 du CNRS (Marseille) et viennent de publier, avec Gilles Manceron, aux éditions Hazan, *Le Paris noir*.

L'injustice de la "double peine"

par Soeuf Elbadawi

Depuis novembre 2001, une quinzaine d'associations de défense des étrangers et d'organisations caritatives, soutenues par des artistes et de nombreux militants, se mobilisent en France pour l'abrogation de la "double peine" - principe qui prévoit l'emprisonnement et l'éloignement des personnes étrangères ayant commis un délit en France. Une mesure qui transforme des immigrés de longue date en citoyens de seconde zone.

Le principe n'est appliqué qu'aux étrangers ou à ceux que l'on considère comme tels (1). Un immigré commet un délit, du vol de voiture au deal de drogues, en passant par le vol de vidéocassettes. On le condamne à la prison. Une fois purgée sa peine, on l'expulse. En d'autres termes, il subit une seconde peine qui lui interdit toute présence sur le territoire français. Une double punition qui concerne

25 avril 1998, Lyon (France) - Local du JALB, 16ème jour de la grève de la faim illimitée des militants contre la double peine. Au premier plan, Hassen, au deuxième plan à droite, Mustapha Cheikh. © Thierry Chassepoux / KR images presse.

bien souvent des étrangers ayant passé la presque totalité de leur vie en France. Aziz, rencontré au Comité National contre la Double Peine (2), est d'origine marocaine, la trentaine passée, et a vécu avec toute sa famille en France depuis ses six ans. La majeure partie des membres de sa famille est naturalisée. *"Je suis un des seuls qui a fait l'erreur de ne pas demander la nationalité française. J'étais concentré sur mes études et je ne souhaitais pas effectuer le service militaire. Non pas que je voulais m'exonérer des obligations : c'était plutôt par peur de gâcher mes études, parce que j'étais bien parti... jusqu'à la date du délit".*

Aziz ne connaît le Maroc qu'à travers les récits de ses proches parents. Être expulsé pour lui équivaut presque à un renvoi en terre étrangère. L'éloignement par interdiction du territoire national (ITN), après la période d'emprisonnement, concerne des milliers de personnes : près de 6500 cas recensés en 2000. Certains sont partis du pays d'origine parfois depuis quarante ans, d'autres sont nés en France. Au-delà du fait d'être mal vu ou mal considéré sur place, parce que revenus menottes au poignets, la plupart n'ont plus vraiment de liens, sauf affectifs, avec leur pays d'origine. Ainsi Saïd, arrivé en France lorsqu'il avait un an dans le cadre d'un regroupement familial, qui s'est retrouvé à Casablanca, sans le moindre sou ni le moindre papier. Comme beaucoup, il s'etait présenté à la préfecture pour renouveler sa carte de résident. On l'a arrêté et mis dans l'avion manu militari, au nom d'un arrêté ministériel d'expulsion (AME). Sa famille n'a pas été prévenue (cela arrive régulièrement). Sur place, au Maroc, il a dû improviser pour survivre, avec d'énormes difficultés pour communiquer, parlant à peine l'arabe.

Nordine, du Mouvement de l'Immigration et des banlieues (MIB), une des nombreuses associations qui se bat pour l'abrogation de la double peine, laisse éclater sa colère. *"On lui nie son existence en France. Certains ont du mal à accepter qu'on est aussi chez nous ici. Ceux qui sont victimes de ce problème-là sont assommés. Ils ne s'attendent pas à ça. Quand tu grandis quelque part, que t'as fait toute ta vie dans un pays, tu ne peux pas t'attendre à ça... Je connais beaucoup de personnes qui sont victimes de ça. Certains sont encore au bled. Alors qu'ils ont nés ici".* Mais que faire? Comme pour toute interdiction judiciaire, un recours est possible mais pour être entendu, il faut pouvoir rester en France. Comme Aziz. Tombé pour une banale histoire de stupéfiants, il a purgé sa peine de prison. Aujourd'hui, il est victime d'une interdiction de territoire. Mais pour pouvoir négocier ou espérer un relèvement, il s'est battu pour bénéficier d'une assignation à résidence. *"L'étranger ne peut faire de recours que s'il est présent en France. Hors de France, on sait très bien que ça aboutit généralement à un échec. La seule soupape, c'est s'il est assigné à résidence. C'est la condition pour rendre recevable les démarches auprès des juridictions pénales et administratives. Sur des milliers de dossiers, malheureusement, il n'y en a que quelques dizaines qui obtiennent cette possibilité. En général, ce sont des per-*

sonnes dont les délits sont "mineurs", c'est-à-dire que les criminels, etc... sont refusés systématiquement." Mais demeurer en France sans droits peut devenir une situation kafkaïenne, qui amène certains à retomber rapidement dans la délinquance. Ne pas avoir le droit de travailler ni de circuler librement, même d'un département à l'autre, fragilise les ex-détenus. S'ils n'ont personne pour les soutenir financièrement et moralement, ils replongent.

"Bien que ce soit un privilège, continue Aziz, *c'est un piège en fait. Vous n'avez pas la possibilité de récupérer rapidement vos droits et de prouver votre volonté de réinsertion dans la société. Un citoyen français retrouve systématiquement ses parents. Tandis qu'un étranger (juridiquement) a un combat de plusieurs années face à l'administration et aux tribunaux. Je connais certaines personnes qui sont assignées à résidence depuis cinq ou dix ans !"* En attendant que sa demande de relèvement soit acceptée, Aziz milite comme Fathya au Comité National contre la Double Peine - Fathya, dont le mari a été sous le coup d'un arrêté d'expulsion. Lui aussi, a vécu une situation kafkaïenne. *"La première fois, il est sorti de prison après quelques mois. Il est parti en voyage, retrouver sa famille en Algérie. Il n'était pas frappé de double peine. Il est parti libre, en vacances".* A son retour, la police des frontières contrôle son passeport à l'aéroport et se rend compte qu'un arrêté d'expulsion est prononcé contre lui. *"Il était tombé en fait entre sa libération et son départ en Algérie".* On le lui notifie mais on le relâche. Quelques mois plus tard, il commet un nouveau délit. On le condamne. *"Et le jour même* [de son jugement], *on lui dit qu'il fait aussi l'objet d'une interdiction définitive du territoire français".*

La décision peut vous tomber dessus à tout moment. A l'audience au tribunal comme après la période d'emprisonnement. Ou même longtemps après avoir changé de vie, amère surprise. Beaucoup se rappellent encore l'Algérien Moussa Brihmat. Né en France il y a cinquante ans, père de deux enfants français, il a fait l'objet d'un arrêté d'expulsion près de cinq ans après sa sortie de prison. Il avait été condamné au départ pour une affaire de stupéfiants. Mais il s'était réinséré de façon exemplaire, en fondant une associa-

tion portant assistance aux détenus et à leurs familles. Lors d'un renouvellement de carte de séjour, l'histoire le rattrape. A la préfecture, on lui signifie son expulsion. Pour les autorités, cela relève d'un simple *"retard entre le prononcé de la peine et son exécution"*. Pour lui, c'est tout un monde qui s'effondre. Heureusement, toutes les associations se sont mobilisées contre la décision. Et le ministère de l'Intérieur a dû lui délivrer une assignation en résidence en décembre, lui permettant de venir s'expliquer sur sa situation actuelle auprès des autorités compétentes. Le cas est devenu emblématique de la campagne nationale *("Une peine, point barre")* mise en place depuis novembre, en même temps que sortait un film de Bernard Tavernier sur le sujet [*Histoires de vies brisées*] (3).

Perdre ses droits entraîne l'humiliation. La dignité d'un homme en prend un coup. Le compagnon de Fathya avait fini par récidiver, par être expulsé et par revenir dans des conditions de quasi-clandestinité. Car voilà l'autre drame : au-delà de l'individu, l'ITN touche indirectement aux familles, en provoquant la séparation. Elle devient de fait une sanction collective. Femmes, enfants et cercle amical, bien souvent de nationalité française, sont entraînés par la vague. Avec des conséquences qui peuvent être désastreuses.

Au comité national, Fathya est à présent devenue une sorte de référence. Elle s'est battue pour que l'expulsion du territoire ne soit pas mise en application dans le cas de son mari, bien que celui-ci ait connu plusieurs peines de prison. Et elle a gagné. *"Il est sorti libre pour la première fois en 94. Avec la possibilité de vivre normalement et de se réinsérer dans la société. La décision définitive concernant l'arrêté d'expulsion date de octobre 99. Donc il a fallu quand même une lutte de sept ans. Il en faut du temps pour s'en sortir, malheureusement. Aujourd'hui, il est comme vous et moi. Il travaille. Il part le matin, il rentre le soir. Et j'allais presque dire… il rêve comme vous et moi. On fait des projets tout banals. De partir en vacances, peut-être de changer d'appartement. Je crois que c'est une forme de bonheur".*

Bien sûr, la France n'est pas seule à légiférer dans ce sens. La Belgique, l'Espagne, l'Allemagne, l'Angleterre, et même le Canada connaissent des régimes similaires. Mais comme l'a souligné Christine Chanet, conseiller à la Cour de cassation et présidente de la commission de réflexion sur les peines d'interdiction du territoire *: "C'est notre pays qui l'applique de la manière la plus rigoureuse".* Faut-il rappeler que cette loi transgresse la convention européenne des droits de l'homme ? *"Les hommes ou les femmes politiques qui font ce pays, tu les prends un par un et on en a rencontré, que ce soit des députés, des sénateurs, des ministres, en tant qu'individus, lorsque tu leur racontes ce que c'est humainement, ils sont écœurés. Et l'amalgame dans l'esprit du citoyen lambda, c'est ça... "Un double peine, c'est un sans-papiers". Non! Le double peine tel que nous l'entendons, tels que nous le vivons, c'est celui qui avait des papiers et à qui on les retire. Evidemment quand on lui retire ses papiers, c'est toute une vie qu'on lui retire."*

La double peine remonte à l'ordonnance du 2 novembre 1945. Elle donne la possibilité aux magistrats d'expulser les personnes étrangères ayant commis un délit. Cette ordonnance a été réaménagée plusieurs fois et notamment par la loi Chevènement de 1997, qui tient compte des attaches familiales et protège donc certaines catégories comme les conjoints de français ou les parents d'enfants français ou encore les malades atteints de pathologie grave. En novembre 98, Christine Chanet, dans un rapport remis au garde des Sceaux, Elisabeth Guigou, avait préconisé *"l'interdiction absolue"* des ITN à l'encontre des étrangers ayant vécu et ayant été scolarisés en France depuis au moins l'âge de six ans. La circulaire qui a suivi ce rapport n'a jamais eu véritablement d'effet sur les décisions prises par les magistrats. Ces derniers continuent à faire de l'ordonnance un usage immodéré, qu'il s'agisse de simples délinquants, de petits trafiquants ou d'étrangers en situation irrégulière.

1. Selon une étude de J. Sagliano, directeur de recherche en sociologie au CNRS, les expulsés sont majoritairement des hommes d'âge mûr, originaires d'un pays du Maghreb (75% d'entre eux), ayant vécu une bonne partie de leur existence en France. La plupart sont mariés ou vivent en concubinage (à hauteur de 68%) et ont souvent des enfants (62%).

2. Pour en savoir plus, le site du Comité National contre la Double Peine : www.unepeinepointbarre.org/ ou celui du MIB : http://mibmib.free.fr/

3. *"Histoires de vies brisées"* de B. Tavernier raconte l'histoire de dix grévistes de la faim, victimes de la double peine, à Lyon. Cela s'est passé en 1998. Rappelons aussi le documentaire de Valérie Cassalta : *"Double peine, les exclus de la loi".* Outre les films, on peut aussi *lire "Voyage au pays de la double peine"* de Michaël Faure (éditions L'Esprit Frappeur). En musique, une compilation hip hop *("11 minutes 30 contre les lois racistes")* réunit bon nombre de jeunes rappeurs dont Assassin, IAM, Djoloff, et Ministère A.M.E.R. Les droits sont reversés au MIB dans le cadre de ce combat pour l'abrogation.

La Medina, magazine français des cultures et sociétés musulmanes

par Benjamin Bibas

Le magazine *La Medina* vise à présenter la diversité et la richesse actuelle d'expression des "cultures musulmane" en Europe et ailleurs - une ligne éditoriale qui est aussi une vision politique : on peut être à la fois pleinement français, européen et musulman.

Depuis bientôt deux ans, un magazine est en train de secouer la planète de la presse communautaire en France. Parce qu'en fait, il ne s'agit pas vraiment d'un magazine communautaire. *La Medina,* basée à Saint-Denis (banlieue parisienne), se veut avant tout le magazine des *"cultures et sociétés"* musulmanes. Mais son lectorat n'est pas exclusivement musulman et ses collaborateurs, musulmans ou non, se recrutent parmi les chercheurs en sciences humaines et les journalistes de tous horizons.

Au sommaire, on trouve pêle-mêle : un entretien avec le musicien Akhénaton, fils d'immigrant italien installé à Marseille et récemment converti à l'islam ; une interview d'Abdelwahab Meddeb, écrivain et producteur de l'émission *Cultures d'Islam* tous les vendredi soir sur France Culture ; un reportage photos sur l'architecture de la ville d'Herat, à l'Est de l'Afghanistan ; et bien sûr, depuis quelques mois, un ensemble de débats sur la perception des événements du 11 septembre dans le monde musulman. En juin 2001, *La Medina* avait même consacré un dossier complet aux musulmans vivant aux Etats-Unis. Un regard toujours un peu décalé dans le temps et dans l'espace, en somme. Et au total, un programme destiné à faire connaître la richesse culturelle du monde islamique, dans sa production ancienne et contemporaine, à l'extérieur comme à l'intérieur d'une Europe occidentale où l'islam se réimplante depuis peu.

A l'origine du projet, Hakim El Ghissassi, Français d'origine marocaine âgé de 39 ans, installé en France depuis quinze ans *"et encore pour longtemps, avec [ses] enfants"*. Musulman de foi et de conviction, il constate que nombre de ses coreligionnaires vivant en France y sont nés et *"assument leur appartenance française"*. Pour lui, être musulman et français n'est pas un *"problème",* comme l'affirme parfois la presse magazine hebdomadaire. C'est au contraire une réalité vécue par de jeunes citoyens chaque jour plus nombreux. Pour faire reconnaître cette réalité, El Ghissassi avait déjà œuvré au sein de l'Association des étudiants islamiques de France (AEIF) puis à

la mosquée Ad'Dawwa (rue de Tanger, Paris XIX). Là, dans les années 1990, il avait organisé une série de rencontres entre imams et intellectuels français afin de favoriser un dialogue entre islam et laïcité.

L'heure est maintenant à l'action culturelle. Au cœur du projet éditorial de *La Medina,* en effet, on trouve la notion de résidents ou citoyens français et européens de *"cultures musulmanes".* Une expression originale, qui recouvre une réalité multiple. Dans la France d'aujourd'hui, il y a ainsi cinq millions d'habitants de confession musulmane d'origines extrêmement diverses : Afrique occidentale (Mali, Sénégal...), Maghreb, Proche-Orient, Asie centrale, Indonésie... sans compter les Français convertis. Même si tous ne pratiquent pas (en fait, seuls 10 % d'entre eux revendiquent une pratique religieuse active), ils sont pour la plupart issus, au moins à l'échelle d'une génération, d'un pays où l'Islam est prépondérant en tant que civilisation : langue arabe qui est aussi celle du Coran, fêtes collectives issues du calendrier musulman, devoir de partage des ressources avec les plus pauvres, etc. Et ils sont porteurs de ces références culturelles, qui se mettent ainsi à circuler parmi d'autres dans l'espace européen.

A l'inverse des intégristes républicains, pour lesquels les citoyens français ne sauraient revendiquer qu'une culture nationale sacralisée et un peu figée, *La Medina* postule que cette dernière gagne à évoluer en reconnaissant la diversité des influences dont elle constitue chaque jour la synthèse. La France et l'Europe n'ont rien à perdre à intégrer les références islamiques portées jusque dans leur corps par des millions de leurs citoyens ou résidents. Bien au contraire, une France et une Europe qui auront officiellement accepté l'apport islamique comme une composante intégrante de leur histoire et de leur identité, partiront avec deux atouts : elles offriront un cadre identitaire dans lequel pourront se reconnaître sans tentation violente les plus jeunes de leurs citoyens qui sont originaires de pays musulmans ; elles seront aussi mieux à même de comprendre et d'interagir sans heurts avec leurs sociétés voisines du Sud et de l'Est de la Méditerranée. Compte tenu du contexte international actuel (lutte obligée contre le terrorisme d'inspiration islamiste, conflits au Proche-Orient et en Tchétchénie...), il va sans dire que ce pari représente un enjeu fort pour une Europe qui tente de parler sur le plan diplomatique d'une seule voix.

Corollaire obligé de cette ligne éditoriale, *La Medina* s'est fortement engagée sur le plan de la participation politique. Le magazine est partie prenante du Forum citoyen des cultures musulmanes (FCCM), dont le premier acte a été une grande mobilisation en faveur de l'inscription de jeunes citoyens français de "cultures musulmanes" sur les listes électorales, en vue des scrutins présidentiels et législatifs à venir. Le Forum a ensuite réuni les propositions émanant potentiellement d'un million et demi de votants musulmans, pour les présenter aux candidats à la présidence de la République, spécialement réunis pour l'occasion à la Maison de la Chimie (Paris VII) le 29 mars dernier.

Mais attention ! Il s'agit là d'une *"action citoyenne, et non pas communautaire",* précise Hakim El Ghissassi, qui est aussi l'instigateur du FCCM avec l'auteur et entrepreneur Rachid Nekkaz. Pour lui, *"les musulmans sont des citoyens qui construisent la France en participant à son essor, en développant sa culture et son économie (...). Etre député, maire, ministre ou fonctionnaire d'Etat pour les générations issues des cultures musulmanes ",* ce n'est plus une *"utopie".* Dans l'intérêt de tous, c'est même l'avenir du pays, ajoute El Ghissassi, en concluant : *"Notre confiance est grande dans cette foi républicaine qui a fait la France moderne et qui est en train de construire la France de demain".*

***La Medina,* 8 numéros par an, en vente en kiosques, 62, av. Gabriel Péri, 93200 Saint-Denis. Tél. 01 42 43 23 36. lamedina3@wanadoo.fr**

l'économie
Une malédiction africaine?

l'autre Afrique
Dette
La grande colère des Damnés de la Terre
Reportage
Libreville : sous les villas, les bidonvilles
l'autre Afrique
A nous le siècle !

la politique
L'après Durban a commencé

l'époque
Santé pour tous, un jour
Littérature = MC²

Cahier critique

Musique

"Si tu n'avances pas, les mélomanes font du sur place"

Entretien avec Salif Keïta

Descendant d'une famille d'agriculteurs et de l'empereur Soundiata, Salif Keïta se devait de suivre une ligne. Depuis sa naissance sur les rives du Niger, sa vie est un combat. Albinos, sa famille le renie et le cache. Adolescent, il la quitte et rejoint Bamako. Il y rencontre le Rail Band de Bamako, les Ambassadeurs. Sa carrière internationale démarre en décembre 1980. Vingt-deux ans plus tard, fier de son expérience, il propose *Moffou*, un album qui témoigne de son parcours artistique.

Ton album apparaît comme un retour aux sources traditionnelles après t'être ouvert à de nombreuses influences.
C'est l'expérience. C'est une musique à la fois traditionnelle et ouverte parce que j'ai tellement rencontré de musiciens, notamment de jazz et d'autres musiques, que je me suis dit que c'est le moment de rentrer à la maison, de retrouver ma culture avec mon expérience.
J'ai appelé des gens qui ont un penchant vers la musique traditionnelle acoustique, comme Mino Cinelu, qui est un très grand percussionniste, Cesaria Evora, la grande dame de la musique capverdienne, Kante Manfila, mon parrain dans la musique - il m'a appris énormément de choses, il est très ouvert et généreux, je ne pouvais pas faire cet album sans lui. Il y a aussi Djely Moussa Kouyaté, et un guitariste français qui connaît la musique africaine.

Pourquoi ce titre, Moffou ?
C'est un instrument en voie de disparition au Mali, qu'on fabrique à partir de la tige de mil : on la creuse et on y fait un trou à travers lequel on souffle comme dans une flûte. Seule l'ancienne génération peut fabriquer cet instrument de musique. J'ai aussi un club qui s'appelle le Moffou, où je donne à la nouvelle génération de musiciens la possibilité de s'exprimer,

Salif Keïta © Lucille Reboz

de faire de la musique, de se faire comprendre, de se faire entendre, d'apprendre autre chose, de rencontrer les médias. Tout cela signifie pour moi qu'il ne faut pas oublier ses traditions. Le son de cet instrument est tellement doux qu'il ne faut pas l'abandonner, il faut le faire revivre, tout comme notre culture.

Pourquoi le choix d'une musique plus acoustique ?

Parce que c'est la musique naturelle, c'est une musique qui me manquait. J'ai travaillé avec beaucoup de musiciens et c'était pour moi le moment de revenir vers moi, faire une musique qui me ressemble, très dépouillée et sensible. Et comme il n'y a pas de musique acoustique sans voix, il y a des gens comme Nayanka Bell, Assitan, qui savent exactement ce que je veux.

Ce qui frappe aussi est le mélange d'instruments.

Il y a le cavaqinho, du Cap Vert, le houd qui est arabe, les luths, l'harmonica, les steel-drums, l'accordéon, la flûte, mélangés à la calebasse, le n'goni, les guitares, tout un tas d'instruments traditionnels. La musique malinké permet différentes sonorités.

Tu as joué avec Carlos Santana, des jazzmen comme Jo Zawinul, Wayne Shorter, Eddy Louiss... Qu'est ce qui t'a poussé vers le jazz ?

A mes débuts, je travaillais dans une boite de nuit, le Motel de Bamako, où on interprétait de la musique jazz. C'est comme cela que je me suis familiarisé avec cette musique. Je ne suis pas passé par une école de musique. Je n'ai pas appris le solfège. Mon seul avantage est d'avoir travaillé avec toutes sortes de musiciens qui m'ont permis d'acquérir une certaine expérience. J'avais déjà entendu la musique des musiciens avec lesquels j'ai joué, je connaissais leur musique. Le jazz a une sonorité africaine, il y a peut-être des notes plus élaborées, mais en fin de compte le son se rapproche de la musique de Ségou, une région du Mali.

Tu chantes en bambara et en malinké, mais tu arrives à toucher un large public.

Lorsque tu fais de la musique, il ne faut pas toujours penser au succès. Il faut d'abord la travailler avec son cœur, ce qu'on ressent. On fait d'abord la musique pour soi-même, ensuite les autres en profitent. Si tu fais la même musique que d'autres musiciens, sans aucune conviction, vaut mieux t'arrêter, parce que tu ne peux pas faire comme les autres. Il faut faire la musique avec ses sentiments, ensuite les autres apprécieront.

Partout en Afrique, de plus en plus de jeunes font du rap...

Chez nous, ce sont les griots modernes. Ils disent des vérités, cela nous aide dans ce que nous faisons, c'est une bonne relève.

Tu t'es tourné vers les Etats-Unis. Qu'est ce qui t'a fait revenir vers l'Afrique ?

J'aime varier. Comme j'ai écouté beaucoup de musiques, je me sens libre de faire ce que je veux. Le jour où j'aurais envie de jouer de la salsa, je le ferai, s'il faut jouer de la pop musique pourquoi pas, si je dois rentrer chez moi pour faire un album acoustique comme aujourd'hui, j'y vais. Je ne veux pas être cloisonné dans un même genre de musique.

D'où la variété de tes albums.

Chacun a son atmosphère, sinon tu n'avances pas et les mélomanes font du sur place. Je crois qu'il faut toujours faire un album qui n'est pas comme les autres. Il faut avoir des idées diverses, plusieurs possibilités, et ceci implique de la recherche, c'est pourquoi je suis en perpétuel mouvement.

Tu as une fondation "SOS Albinos". En parler est ressenti comme une gêne en Afrique.

C'est pourtant quelque chose de naturel. Il y a bien évidemment un problème génétique à la base, mais les albinos ne sont que des victimes. Pourquoi en avoir honte ? Il faut surtout trouver des solutions permettant de les insérer dans nos sociétés, essayer de les aider dans leurs problèmes de santé. Ils sont souvent atteints de cancer de la peau dès l'âge de 5 ans. Ils viennent me voir parce qu'ils ne savent plus où aller.

Qu'est ce que tu leur apportes ?

Le moral. Souvent, je leur donne des crèmes contre le soleil, je leur donne des conseils pour leur peau, leurs yeux, parce qu'ils sont fragiles. Je cherche des fonds pour leur apprendre un métier, pour qu'ils aient plus de chance dans leur existence.

Il y a souvent des drames, on les cache...

On les tue, on les sacrifie, on les égorge, on prend leur sang...

propos recueillis par
Samy Nja Kwa
Paris, le 14 février 2002

La symbiose thérapeutique de Yela-Wa

L'article consacré à Yela-Wa, actuellement en tournée en Afrique puis en Italie, a malencontreusement sauté dans notre dossier "Renaissance congolaise" du dernier numéro : on le retrouve ici avec nos excuses.

Yela-Wa est un groupe de recherche musicale fondé le 22 mai 1996 par Parfait Ludovic Goma Pasteur Goma Ya Ntsona. Le groupe œuvre pour la mise en valeur des instruments traditionnels du Congo et d'Afrique : Yela-Wa signifie grandir et comprendre.

La musique de Yela-Wa est le Wasa qui signifie "viens te guérir", une symbiose de musique sacrée. Ce style musical "thérapeutique" est composé de sonorités débusquées dans la nature.

Présenté au MASA, Yela-Wa reçut au Festival panafricain de musique (FESPAM) de Brazzaville le Prix Paul Kamba pour la recherche. Ils ont présenté *Le Caméléon*, un répertoire de 18 titres sur 60 minutes avec 58 instruments dont 18 sont des créations des artistes eux-mêmes.

Le Caméléon est un ensemble de sonorités frustres renvoyant à divers petits bruits de l'univers domestique rural, car produits par des objets familiers hétéroclites (balais agités selon une certaine cohérence rythmique, boîtes de conserve de récupération alignées en batterie percussives, pilons de maïs etc.).

A cette ambiance se mêlent les bruits de certains éléments tirés de l'environnement (courges séchées et évidées remplies de grenailles, cornes de cervidés ou de bovidés, guimbardes, rhombes de fabrication végétale...) relayés par un frottement bi-tonal des claves. Entre syncopes et silence.

Ferdinand Kibinza

Yela-Wa © Kinzenguélé/afriphoto.com

LE DISQUE DU MOIS

Biyouna
Raid zone
(Bagnolett Prod / Warner)

Adulée en Algérie, Biyouna est une icône dans son pays. Elle y a effectué l'ensemble de sa carrière. A 17 ans, elle danse déjà dans les cabarets à Alger. Fatma, le rôle qu'elle interprète dans *La Grande Maison*, de Mustapha Badie, la révèle au public. Star, elle aurait pu s'en contenter et finir ses jours, dans le bonheur. C'est mal la connaître. Biyouna aime les chalenges. Son goût de liberté la pousse à explorer musique, danse, cinéma. Et pourquoi pas aller à la rencontre d'une autre musique ? Jusque là, elle n'était jamais sortie d'Algérie. Ce sera chose faite en 1999, lorsqu'elle se rend au Maroc y tourner *Le Harem de Madame Osmane*, du réalisateur Nadir Moknèche. Une chose en entraînant une autre, elle fait la connaissance du compositeur John Bagnolett, lors d'un dîner durant lequel elle donne de la voix. Le compositeur s'emballe pour cette voix brute, crue, âpre, qui accroche les mots dans tous les tons. Ils travaillent ensemble, et proposent dix titres de toute beauté. La chanteuse joue de sa voix aux travers des mélodies longues et syncopées, se glisse entre des rythmes rock, trip hop, raï ou électro, met en valeur, à travers les textes, ses talents de comédiennes. Complètement explosif. Elle exprime les sentiments d'une femme qui a presque tout connu, elle est la voix des sans voix. Surtout n'allez pas dire que le hasard existe. Recevez cet album comme une bouffée d'énergie.

Samy Nja Kwa

Nouveautés du disque
Samy Nja Kwa

Salif Keïta
Moffou (Universal jazz)

Salif Keita est un mutant. Il a la capacité de changer de style au fil des albums. Résultat ? Une œuvre qui nous ramène aux sources. L'artiste privilégie les instruments traditionnels, auxquels il juxtapose des instruments modernes tout en conservant l'esprit africain. Pour cela, il rappelle les anciens : Kanté Manfila, Djely Moussa Kouyaté, Mamadou Koné, Adama Kouyaté… Une façon de montrer que malgré les voyages, les fusions avec d'autres musiques, il demeure authentique. Ce n'est pas de la world, mais plutôt de la bonne musique africaine.

Nass Marrakech
Bouderbala (World Village)

La musique est un monde sans frontière. Celle de Nass Marrakech le prouve. L'histoire de ce groupe de tradition Gnawa, fondé en 1991, est un voyage. Descendants d'esclaves d'Afrique subsaharienne, ils conservent encore aujourd'hui tous leurs rituels et pratiques. De nombreux musiciens de jazz se sont intéressés à la musique de ce peuple : Randy Weston, Archie Shepp, Ray Lema, et chaque fois ils ont exprimé son énergie et sa force spirituelle. Dans cet opus, on retrouve le pianiste mystique Omar Sosa, le souffleur (saxo et flûte) Jorge Pardo, les percussions venues du Brésil de Carlos Pussetto, le djembé du Sénégalais Mapote Gueye. D'autres instruments venus d'ailleurs illustrent la couleur de ce disque, celle du monde. Cette musique ne se raconte pas, elle s'écoute.

Cécile Verny Quartet
Kekeli (Challenge records)

Depuis l'Allemagne, la chanteuse de jazz Cécile Verny et son quartet nous donne de ses nouvelles tous les deux ans : renouvellement du répertoire et compositions originales. Cet album assez moderne reste dans la tradition jazz : des accents pop, soul et latin, sur des instruments classiques, survolés par des mélodies africaines et ponctués par des scats. De sa voix de velours, la chanteuse s'empare des textes, en français et en anglais, qu'elle transforme en émotions fortes et saisissantes. Une prouesse peu commune.

Rudy Joseph
Bluesy Jazzy Soul
(M6Interaction)

Dans les années 70, la Motown imposait un son qui demeure encore mythique. De nombreux artistes couraient dans ces studios y enregistrer et pro-

duire leurs albums. Le son de Stevie Wonder, de Quincie Jones, de Michaël Jackson, ou encore de Diana Ross de cette époque en témoigne. En grandissant, Rudy Joseph, ex Poetic Lover, s'est abreuvé de ces idoles. Son premier album solo est à l'image de ceux des artistes qu'il vénère. Il augure d'un avenir prometteur. La voix chaude, profonde, suave et mélodieuse, se ballade sur des rythmes soul et jazzy. Elle raconte des histoires concoctées comme des courts métrages. “Femme mariée” etc. : autant de titres qui suggèrent des images.

Ten To One
(Mega sound / 2Good)

Les émules jamaïcains de Bob Marley, de jeunes toasters, ont emprunté son style pour le remettre au goût du jour. Le reggae n'est plus un même rythme dont les mêmes notes reviennent en boucle. Les rythmes sont samplés dans tous les styles de musiques, on n'hésite plus à faire un pont ragga qui repart en reggae et qui finit par du dub. Cet opus illustre le meilleur de ce qui se fait aujourd'hui en Jamaïque. Il paraît aussi que la scène française n'est pas mal. Deux titres sont inclus dans l'album. A découvrir.

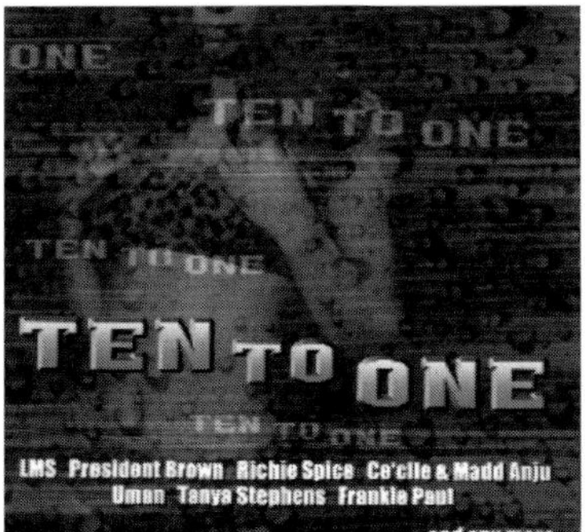

Minino Garay
Y los tambores del sur
(Universal Jazz)

Depuis qu'il vit en France (dix ans), l'Argentin Minino Garay a joué avec presque tout le monde. Vaut mieux ne pas citer les artistes qu'il a accompagné, tant la liste est longue. Est-il percussionniste ? tambourin ? batteur ? chanteur ? Toujours est-il qu'il possède et aime tous les rythmes. Dans son album, comme à son habitude, l'artiste explose. Il prend du plaisir à jouer, comme cette surprenante reprise de Elisa, que l'on se surprend à mimer. Une berceuse à la fois douce et rythmée. On passe ainsi d'une ballade à un tango, ou du jazz aux rythmes insufflés par les tambours, la voix grave de l'artiste en filigrane. Il illustre à merveille les musiques des cinq continents.

Bingui Jaa Jammy
& the Jahman People
Fire inna jungle
(Vent d'échange)

Leur musique est faite de rencontres. Les musiciens, originaires du Congo, de la Côte d'Ivoire, du Togo, du Burkina Faso, du Ghana, de la Tanzanie, de l'Ethiopie et du Kenya, fusionnent leurs connaissances musicales dans le reggae. Cette musique née en Jamaïque, revient en Afrique avec d'autres ingrédients : les instruments. Plus de percussions, des rythmes empruntés aux musiques traditionnelles, des mélodies typiques. Les textes, un mélange de dialectes et de pidgin. Les thèmes, liberté, révolution et amour. Ce cd quatre titres annonce la sortie de l'album en octobre prochain.

Hilarion Nguema
Faut pas toucher (JPS)

Au sortir des indépendances en Afrique centrale, la plupart des musiciens chantaient la reconstruction, la jouissance, l'amour. Aujourd'hui, les choses n'ont pas trop changé. Le mot démocratie a remplacé indépendance, on parle toujours de guerre, et la vie suit son cours. Le Gabonais Hilarion Nguema rappelle cette époque lointaine. Il chante surtout la joie de vivre. En revenant au devant de la scène, toujours avec le même style, rumba kwassa kwassa, avec un soupçon de ngama ngama, il prouve qu'il a toujours sa place dans le milieu. Il est accompagné par la dream team de JPS production, Guy Nsangué (bass), Penda Dallé (guitare rythmique), Philippe Guez (programmations), l'incontournable section cuivres composée de Nicolas Gueret (sax), Christophe Dutray (trompette) et Philippe Henri (trombone).

Penda Dalle
Best of Nostalgie (JPS)

Il fut un temps où la musique camerounaise, notamment le makossa, se jouait dans tous les clubs des capitales d'Afrique et de Paris. L'album du chanteur Penda Dalle rappelle cette période. Une vingtaine de chansons pour plus de quarante minutes de makossa non stop. L'enregistrement est surtout destiné aux boîtes de nuit.

: Trés bien
: Bien
: Moyen
: Bof !

Martin Luther King : La force d'aimer

Quand Atlanta débarque à Château rouge...

Martin Luther King, DR

"Superbe et généreux", Jean-Michel Martial a incarné avec brio le rôle sans doute le plus intimidant qui soit pour un acteur noir : Martin Luther King. C'était au Lavoir Moderne Parisien, au beau milieu du quartier de Château rouge dans un spectacle de la Compagnie "L'Autre souffle" et le succès n'a pas manqué d'être au rendez-vous. Si chaque soir Atlanta débarquait en plein 18e arrondissement c'était à guichet fermé.

Difficile bien sûr de raconter la vie du grand révérend sans en passer par les prêches enflammés et idéalistes qui stigmatisent tout de même le personnage, mais l'originalité et l'intelligence de la mise en scène de Hammou Graia, construite sur une esthétique très cinématographique procède par flashs successifs, et est parvenu à impulser une vraie dynamique dramaturgique. On découvre également plusieurs faces du personnage, on entre dans l'intimité de l'homme, on partage ses doutes, ses faiblesses, ses découragements, son épuisement, sa détermination aussi. On rit de son humour, on s'attendrit de ses maladresses en amour, on partage l'angoisse de ses proches. Mais Si Hammou Graïa nous ramène à la dimension humaine de Martin Luther King, il ne perd pas de vue pour autant la portée de son message politique et n'élude pas l'ampleur philosophique de sa démarche. Il convoque largement les inflexions de Gandhi ou celles de Tolstoï qui ont structuré sa pensée. Il faut d'ailleurs saluer le travail d'adaptation puisque Hammou Graïa a puisé dans des textes très différents et qui n'ont rien à voir avec l'univers dramatique : *La force d'aimer* bien sûr, mais aussi des biographies, des témoignages, des confidences...

De plus, le lieu extraordinaire de cet ancien lavoir parisien, conservé en l'état avec ses briques et ses charpentes de bois a un cachet désuet qui se prête formidablement bien à ces apparitions fugaces et fortes qui venaient raconter l'Amérique de la ségrégation et du Ku Kux Klan. Sur les accents de standards de jazz qui investissent l'espace et nous enveloppent par moment dans une tension dramatique extrême faisant surgir l'émotion, les comédiens passent de rôle en rôle avec une virtuosité déconcertante. L'interprétation remarquable de Jean-Michel Martial prouve qu'il a réussi à investir le rôle, aussi intimidant soit-il et il y déploie manifestement toute l'étendue de son talent. Eriq Ebouaney dont on se souvient qu'il a prêté ses traits à Patrice Lumumba dans le film de Raoul Peck, campe ici un Malcom X attachant et complexe, plein de force et de fragilité. Bravo à Paco Portero qui fait surgir un Hoover "furioso", complètement déjanté, aussi drôle qu'effrayant et dont on ne risque pas d'oublier l'interprétation. Belle prestation aussi que celle de Nadège Beauson-Diagne qui a le rôle difficile de jouer avec l'effigie mythique du personnage quasiment déifié de Gandhi. Quelle justesse et quelle nuance également dans le jeu d'Annie Milon, Madame Luther King !

Un spectacle d'une grande force qui en dépit du sujet parvient à échapper à l'ornière du didactisme et convoque avant tout une aventure humaine comme nous en raconte le cinéma, mais dans le partage du théâtre.

Sylvie Chalaye

au Lavoir moderne parisien - adaptation et mise en scène : Hammou Graia, avec Jean-Michel Martial, Eriq Ebouaney, Annie Milon, Paco Portero, Nadège Beauson-Diagne.

Martin Luther King, DR

Ali
de Michael Mann (USA)

Outre le brillant de la mise en scène de Michael Mann, ce qui frappe le plus dans *Ali* est l'interprétation de Will Smith. Il a certes réussi à se lover dans le personnage, au point qu'on croit parfois reconnaître le King. Mais il y a davantage : cette capacité à incarner la résistance d'une époque. Grande gueule, Ali n'en est pas moins un personnage insaisissable. Il ne se livre en rien, sait encaisser les coups, ne se laisse jamais courber par le pouvoir d'Etat, par la Nation de l'Islam – la secte d'Elijah Muhammad, par la justice, l'armée ou les femmes. Il y a dans le regard impénétrable de Will Smith l'emblème d'une détermination. Celle de ceux qui refusèrent la guerre du Vietnam (ce qui lui coûta sa licence durant de longues années). Celle de ceux qui luttèrent contre la discrimination raciale. Quelques phrases provocatrices suffisent alors pour préciser le message. Le soutien populaire savamment orchestré en musique, culminant dans le combat contre Foreman à Kinshasa en 1974, fait écho au début du film où dix ans plus tôt, le rythm'and blues d'un Sam Cooke enflamme un public blanc. Cette énergie ne quitte jamais le film, pour notre grand plaisir. De même que résonnent encore en dehors du cinéma les cris de "*Ali bumaye*" (Ali, tue-le, en lingala) scandés par le public zaïrois entièrement gagné à sa cause. Le Muhammad Ali de Michael Mann n'émeut pas par sentimentalisme : il n'est pas un Hurricane Carter à la Norman Jewison, autre boxeur victime qu'interpréta Denzel Washington. Son personnage n'a pas non plus une grande profondeur et nous n'en saurons pas beaucoup sur l'homme : il fait vibrer une autre corde, celle de l'adhésion à une attitude, à un comportement, à un positionnement face à l'injustice et à l'ordre établi. Après ce film, la brebis la plus douce rêve d'être boxeur.

Olivier Barlet

2 h 38, avec Will Smith, Ron Silver, Jamie Foxx, Nona Gaye, Jon Voight, Mario van Peebles.

La Fille de Keltoum
de Mehdi Charef

En regardant *La Fille de Keltoum*, je me suis dit : "Voilà quelqu'un qui croit encore au cinéma". A ce cinéma d'un certain âge (ou de tous temps ?), où, parce qu'on y met de l'amour, l'on attend du spectateur une certaine croyance. Rallia est jeune et belle. Elle quitte sa vie aisée en Suisse pour se rendre au fin fond de la montagne algérienne et y retrouver sa mère, Keltoum, qui l'a abandonnée lorsqu'elle était encore bébé. Elle est pleine de ressentiment.

Il lui faudra aller plus loin, le film se fait road-movie, rencontres et galères, alignement d'images, d'anecdotes emblématiques, tantôt édifiantes, tantôt trop voulues, trop carrées. C'est la dureté de vie dans les montagnes de roches, aussi rudes que superbes, que tous les jeunes ont quitté. C'est le mépris des femmes érigé en règle. C'est un monde qui semble figé dans la survie.

Il faut croire au cinéma pour oser nous conter cette histoire de femme qui découvre peu à peu que rien n'était comme elle avait prévu, immergée dans un destin qu'elle ne contrôle plus. Comme ce réalisateur qui retourne trente ans plus tard en Algérie et renonce au film qu'il s'était fait dans sa tête pour prendre le sujet qui s'impose à lui. Cet homme va parler des femmes plutôt que de la guerre, des femmes oubliées dans des coins les plus reculés, de femmes qui ne peuvent que se taire et se sacrifier.

Elle est là, Rallia, qui revient voir sa mère. Elle aura le courage de savoir. Elle nous aide à chercher, à écouter. Peut-être parce que Cylia Malki a la présence et le caractère nécessaire, parce que Mehdi Charef lui préserve la mesure du jeu et l'intériorité, sans gestes inutiles. Peut-être parce qu'elle a en contrepoint Nedjma, cette femme qui ne la lâche pas, que l'on dit simplette et qui s'impose par le jeu de son corps. Peut-être parce qu'elle nous emmène au forceps dans sa quête, avec quelques moments de grâce comme l'émerveillement d'un train qui tranche la nuit du désert… On finit par y croire. Peut-être parce que nous aussi, on aime croire au cinéma.

Olivier Barlet

35 mm coul., cinémascope, dolby SR, 106 min, prod. Studiocanal, Arte, France 2, Canal Horizons, To Do Today prod., RTBF, Cinetelefilms, Cineteve, image : Alain Levent, avec Cylia Malki, Baya Belal, Jean-Roger Milo, Brahim Ben Salah. Sortie France le 3 avril 2002.

Arts plastiques

Mémoire de rites, figures d'ancêtres

"l'Afrique secrète" au Musée Dapper

Sans pour autant se dévoiler, "l'Afrique secrète" se découvre un peu au Musée Dapper, où sont présentées une centaine d'œuvres provenant de ses collections. L'exposition est construite autour de deux thèmes : les rites funéraires en Afrique équatoriale et les rites initiatiques en Afrique de l'Ouest. Les pièces ainsi regroupées, témoignent de la richesse et de la puissance créatrice de peuples aussi divers que les Fang, Baoulé, Dogon, Igbo, Mbédé, Sénoufo ou autres Wè.

Une fois admirées les longilignes sculptures de N'Dary Lô (jeune artiste sénégalais qui sculpte des corps en mouvement à partir de morceaux de ferraille, cf *Africultures* n°34), étonnamment disposées le long d'un mur empêchant le spectateur d'entrer dans leur danse et par la même de les appréhender à leur juste valeur, s'ouvrent les portes de l'*Afrique Secrète*, invitant le visiteur à découvrir de somptueux masques et statuettes traditionnellement réalisés pour divers rituels.

Les pièces présentées sont accompagnées d'un texte explicatif les rattachant à leur histoire et à leur société d'origine. Ainsi remis autant que possible dans leur

Ndary Lo, *Marcheur 3*, 2000/01, fer à béton et soudure, H. : 203 cm ; *Marcheur 4*, 2001, fer divers et soudure, H. : 185 cm ; *Marcheur 5*, 2001, fer à béton et soudure, H. : 177 cm
© Boubacar Touré

contexte, les figures et les masques fascinent autant par leur beauté plastique que par leur puissance évocatrice.

"Le souffle des ancêtres"

"Ceux qui sont morts ne sont jamais partis", les vers du poète sénégalais Birago Diop retentissent à la vue des reliquaires du Gabon et du Congo (principalement réalisés chez les peuples Kota, Sangu, Tsogho, Mbédé et Fang). Ces objets formellement différents selon les peuples étaient destinés à la préservation des reliques mortuaires de personnages illustres. Les figures de reliquaires Fang représentant des personnages en pied appelés "éyéma bièri", souvent ornés de scarifications, se reconnaissent à leur tronc mince dont se détachent les bras et les mains tenant, quand il n'a pas disparu, un objet. Enduites de sang et d'huile de palme lors de cérémonies rituelles, elles tenaient une place prépondérante dans le culte des ancêtres qui, s'il était largement répandu sur tout le continent, était le fondement même de la société Fang. Chez les Bwété, les restes des défunts étaient placés dans les bustes massifs de sculptures anthropomorphes prolongées par de petites têtes ornées de coiffes.

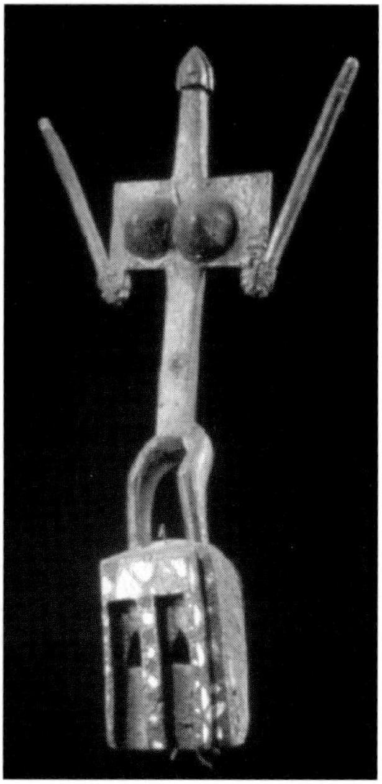
Dogon (Mali), masque, satimbe, bois et pigments, H. : 132 cm © Musée Dapper, photo Hughes Dubois

Quelques soient les sociétés dont ils étaient issus, les reliquaires jouaient un rôle prépondérant dans le fonctionnement du groupe. Gardiennes de la mémoire, elles pouvaient, lors de cérémonies rituelles, être consultées pour les grandes décisions ou utilisées pour les rites initiatiques. Trait d'union entre le monde visible et le monde invisible, elles avaient pour fonction d'assurer la protection et la survie des communautés.

"L'école de la vie"

Dans la deuxième partie de l'exposition réservée aux rites initiatiques, outre les statues et cuillères cérémonielles du Nigeria et de Côte d'ivoire, s'imposent les masques utilisés au cours des cérémonies rituelles d'initiation des sociétés bambaras. Celle du N'domo, dont quelques masques sont présentés, est la seconde des sept cérémonies d'initiations masculines qui permettaient de transmettre aux jeunes garçons (dès l'âge de trois ans) le savoir traditionnel. Le rite initiatique du N'domo concernait tous les garçons âgés de 7 à 15 ans (âge de la circoncision). Très répandu chez les Bambaras, il aurait été créé par l'ancêtre Noun Fayiri pour transmettre à sa lignée "les mystères de Dieu, du monde et de la vie". Surmonté des sept tresses-antennes, parfois recouvertes de cauris, permettant de capter les savoirs du monde, le masque N'domo, porté lors de cérémonies rituelles a un front bombé, qui serait signe d'intelligence et un long nez, signe de vitalité.

Si les rites funéraires permettent de passer de la vie à la mort et d'accéder au statut d'ancêtre, le rite initiatique est tout autant un rite de passage assurant la transmission du savoir et permettant à l'enfant de passer dans l'âge adulte pour faire partie intégrante du fonctionnement social de la communauté. "Ce qui rend l'initiation privilégiée, c'est qu'elle se situe (presque) tout entière du côté de la culture, donc du groupe qui oriente son destin tandis que naissance et mort comportent un aspect "naturel", donc subi. (...) Si l'initiation maîtrise le temps, la naissance et la mort, par le jeu de rites qu'elles suscitent, s'efforcent de le surmonter".*

Sangu (Gabon), figure de reliquaire, mbumba, bois, métal et peau, H. : 45 cm © Musée Dapper, photo Gérald Berjonneau

C'est tout le mérite de l'exposition *Afrique Secrète* d'avoir su concilier l'approche esthétique (à part entière) d'œuvres plastiques magnifiquement exposées et leur restitution dans un système de croyances fondamentales qui, au travers de ces signifiants, peuvent nous éclairer sur le rapport au monde d'hier mais aussi d'aujourd'hui - c'est là toute la pertinence du propos - des sociétés dont ils sont issus.

Virginie Andriamirado

**La terre africaine et ses religions*, Louis-Vincent Thomas et René Luneau, L'Harmattan, Paris, 1995.

***Afrique Secrète* et *L'Art en marche* (sculptures de N'Dary Lo), jusqu'au 21 juillet 2002, Musée Dapper, 35 rue Paul Valéry, 75116 Paris, tél 01 45 00 31 73.**

Doula :
le squatt des plasticiens

Squat'art two : des plasticiens travaillent et exposent dans un bâtiment abandonné. La deuxième de cette opération, avec une quarantaine d'artistes camerounais, sur une dizaine de jours, s'est achevée le 18 février 2002 à Douala. Oeuvres fortes et techniques innovantes.

Un vieux bâtiment de style colonial. A l'intérieur, à droite du couloir, un patchwork de vingt petites pièces (des carrés d'aluminium enchâssés sur du bois) rangées par quatre sur la largeur et cinq sur la longueur, qui compose un rectangle de 1,17 x 1,50 m. Des pièces autonomes, découpées dans des tôles usagées, calcinées, colmatées, déchirées, aux pointes entremêlées, que Salifou Lindou travaillera à la manière d'un artisan, avec juste un marteau. La surface ainsi aplatie révèle l'éclat naturel du métal vieilli, une brillance qui navigue entre l'argent, le gris clair et le noir. Une démarche nouvelle révélant un aspect inconnu de ce plasticien de 36 ans qui nous avait jusqu'ici habitué à des sculptures naines, assemblages de bois et collages de métal, ou encore des peintures acryliques comprenant de la poésie en mots croisés et les traits de couture si caractéristiques de son expression.

A visiter Squat'art two, il est clair que cette proposition artistique aura été la plus imitée de l'atelier. D'autres artistes ont monté à la manière de Lindou mais

Salifou Lindou : *Sans titre*, composition en métal martelé de Salifou Lindou, 1,17 x 1,50, DR.

avec des matières différentes, le bois notamment, des séries de petites compositions.

Autre proposition, autre innovation : les gravures sur métal de Joël Mpah Dooh. Le plasticien de 46 ans a ici abandonné pinceaux, toiles et couleurs pour expérimenter la gravure, en grattant au couteau ses personnages captifs, sur du zinc neuf brûlé. Les trois pièces, inachevées au moment de la fermeture de Squat'art two, permettront à Mpah Dooh de poursuivre plus tard la réflexion dans son atelier. *"J'ai pour habitude, dans les résidences auxquelles je participe, de travailler sur un autre support, en associant autant que possible une technique nouvelle. Au cours de ce Squat'art, j'ai eu envie de chauffer le zinc et de le gratter, de manière à récupérer le fond de sa brillance. C'est une suggestion de quelque chose dont je serais incapable en ce moment de vous dire sous quelle forme elle va aboutir. Mais je compte l'associer à la photographie, et peut-être à la sculpture, en faire une composition, pour monter une expo en Off de la sélection officielle de Dak'art 2002 à laquelle je suis invité".*

Dans un autre atelier, *"Introspection",* une installation complexe du jeune Wanko Cubart voyage dans les profondeurs de la conscience humaine, avec pour cahier de route la philosophie de Cheik Anta Diop. Sur une table basse, l'artiste reconstitue dans une architecture très compliquée, le monde, ses gratte-ciels, ses satellites, ses constructions nucléaires, ses puis-

Berger Peul, sculpture (bois et métal) de Alioum Moussa, DR.

santes lignes rouges destructrices... un labyrinthe sur lequel règne un masque d'où s'échappent trois fils rouge, blanc, jaune : *"les trois races"* explique le jeune artiste, la race noire étant représentée à l'intérieur du masque par une photo de Cheik Anta Diop, à côté d'une cauri, *"symbole de la fierté et de la conscience africaine",* absente chez les autres races, semble insinuer l'artiste. Sur les murs, des empreintes de mains rouge-sang aux poignets enchaînés éclairent le descriptif affiché plus haut "Science sans conscience n'est que...". Et

Wanko Cubart : Vue partielle de *Introspection*, installation de Wanko Cubart, DR.

un regard inquisiteur, mystique, planant sur cette galaxie désigne le coupable : *"Ce regard surnaturel représente la conscience de l'homme, le moi.... Le problème de l'homme n'est nulle part ailleurs que dans lui-même"*, affirme l'artiste dont la rage, même si elle est exprimée de façon plus subtile, n'est pas sans rappeler celle de son compatriote Mallam.

Une série d'innovations qui a ravi le public : l'œuvre de Salifou Lindou a trouvé preneur à deux millions de FCFA l'après-midi même du vernissage. Plusieurs autres pièces ont elles aussi rejoint des collections privées. *"J'avais constaté quelque relâchement d'artistes que je suis depuis un moment. Heureusement, en se retrouvant en situation de travail collectif dans un atelier comme celui-ci, cela favorise l'émulation et cette recherche de créativité qui est très flagrante ce soir"*, témoignera à l'issue du vernissage, un observateur averti, Didier Schaub, directeur artistique de la galerie Doual'art.

"Cela s'inscrit dans le but de ces ateliers. Dès sa création l'année dernière, nous avons voulu faire de Squat'art un lieu de remise en question, d'expérimentation, de brassage et d'échange et non le prolongement du travail que l'artiste a l'habitude de faire seul dans son atelier", explique Koko Komégné. Le plasticien de 51 ans est le principal promoteur de Squat'art, avec son camarade d'arme, Kuoh Eyango, décédé en novembre dernier et dont les artistes, en travaillant dans le vieux bâtiment qui abritait l'atelier au quartier Deido, ont voulu honorer la mémoire.

De Douala, Tvonne Monkam

Littérature / Edition

Etonnants Voyageurs, nouveau rendez-vous littéraire de Bamako

Avec le salon Etonnants Voyageurs, une tradition littéraire est en train de s'établir à Bamako. Après une première édition en février 2001, une centaine d'écrivains se sont retrouvés du 21 au 25 février 2002 pour ce festival international du livre.

Moussa Konaté, D.R.

Prolongement africain d'Etonnant Voyageurs - Saint Malo (France), qui existe depuis 1990 à l'initiative de Michel Le Bris, écrivain fécond, le rendez-vous de Bamako est organisé avec Moussa Konaté, auteur et éditeur malien. Il s'agit de répondre à un besoin d'échanges, de dialogue, et de provoquer "une confrontation culturelle" : "*Chacun de nous a une claire conscience de la nécessité de cette ouverture*", ont affirmé les initiateurs du festival.

A Bamako, l'événement est synonyme de réveil culturel : atelier de formation au journalisme culturel à la maison de la Presse, atelier de lecture à Kora Films, cérémonie de lancement de l'espace culturel Komoguel...

Henri Lopes © John Foley

Le voyage

'Etonnants Voyageurs ! quelles nobles histoires !
Nous lisons dans vos yeux profonds comme les mers !'

C'est par ces vers de Baudelaire que Maëtte Chantrel, l'animatrice des cafés littéraires, a introduit la portée littéraire du thème du voyage, inhérent à l'existence humaine qui ne se conçoit qu' "en terme de voyage entre la vie et la mort". Les écrivains réunis ont échangé leurs expériences de voyage. Pour Henri Lopes, le voyage (surtout le premier en France) permet de dessiller les yeux sur les réalités sociales. En Afrique, on voyage traditionnellement pour le mariage, le baptême, la circoncision, pour des raisons d'ordre occulte. En Europe, la curiosité est ce qui presse l'homme à s'aventurer dans l'espace. Mais toujours, le voyage est une façon d'expérimenter deux éléments de la condition humaine : l'espace et le temps. Il met en évidence ce qui fonde l'unité de

Guy Ossito Midiohouan , DR

l'humanité et rend possible le rapprochement entre les hommes.

Kossi Efoui
© U. Andersen

Les Etonnants Voyageurs : échos sonores de leur temps

Les écrivains se sont attachés à l'actualité du Continent, cette démocratie en ombres et lumières, son difficile ancrage. La sortie de l'Afrique des partis unique implique un nouveau regard sur l'autre, une nouvelle orientation sur le champ social, un nouvel esprit créatif. C'est la tâche de la nouvelle génération d'écrivains documentée dans le dernier numéro de la revue *Notre librairie* (n°146, oct-déc. 2001). Ils oeuvrent à une libération de la parole et de l'écriture. Les rapports humains se font plus étroits, mais aussi plus conflictuels. Les masses entrent en scène. Il faut parler leur langage à travers le théâtre, le roman, la nouvelle, la poésie.

Tanella Boni
© O.B.

Etonnants Voyageurs ayant débuté à Saint-Malo, c'est le Nord qui s'ouvre au Sud, ce qui ne va pas sans heurts, sans désir de puissance. La question de l'indépendance culturelle fut posée, notamment par l'universitaire béninois Guy Ossito Midiohouan. L'écrivain du Sud apparaît comme un philosophe qu'on consulte sur les grandes questions métaphysiques, d'où le thème débattu du “retour des ancêtres”. Face à la crise identitaire, faut-il retourner aux sources ancestrales ? Le thème a divisé les esprits. D'un côté, Urbain Dembélé, Olympe Bhêly Quénum… De l'autre, Kossi Efoui, l'enfant terrible du festival. La voix des ancêtres ne cesse de nous interpeller pour qu'on oublie pas la leçon du sol. Mais la modernité a elle aussi ses exigences. Quel pont jeter entre le passé et le présent ? Les réalités du Continent sont si brûlantes qu'elles provoquent des déchirures intimes, des blessures provoquant des cris de révolte.

Ken Bugul , D.R.

Etre écrivain, c'est être capable de dire ces réalités sans peur. Dire l'horreur, l'indicible, élever la voix au-dessus du mur de silence coupable qui entoure, selon Tanella Boni, l'Afrique martyrisée. Ce sont des femmes écrivains (Ken Bugul, Fatou Keïta, Anandi Devi…) qui ont été la figure de proue de ce combat littéraire, invitant à s'exprimer franchement au sujet de la violence et de sa banalisation, de la vie amoureuse viciée, de l'excision, des rapports intimes souvent fait de frustrations entre hommes et femmes.

Fatou Keïta
© O.B.

Furent évoqués les drames liés à l'intersubjectivité : la présence directe et indirecte de l'autre, génératrice de conflits. Abdourahman Waberi de Djibouti, Koulsy Lamko du Tchad, Kossi Efoui du Togo ont exprimé la douleur de vivre, tout en tentant de montrer le chemin dans le dédale d'un monde déboussolé.

Souvent, les écrivains sont en exil, dont le “clapotis fait ballotter leurs œuvres", lesquelles se chargent de mélancolie. Toujours le problème de la reconquête d'un être en danger de perte. Pour Cheik Chérif Keïta, Michel Le Bri... la musique peut nous aider à nous retrouver, à être nous-mêmes.

Au cœur de tous les débats, le sort tragique d'un continent dont on est allé jusqu'à nier l'existence. "L'Afrique n'existe pas": ce dernier thème a suscité de vives réactions dans l'enceinte du Centre Culturel Français.

Un hommage fut rendu à Senghor et à Mongo Beti, à travers les témoignages d'Erick Orsenna, Guy Ossito Midiohouan, Papa Samba Diop, Diallo Bios... Senghor, l'homme des paradoxes ; Mongo Beti, l'éternel engagé.

Le public est présent

Cette deuxième édition du Festival a été marquée par une impressionnante conquête du public. Il est sorti du cercle restreint du café littéraire : les écrivains sont allés en milieu scolaire et universitaire ; au Palais de la Culture s'est tenu un atelier d'illustration et d'écriture sous la direction de Dominique M. Wankumi (auteur et illustrateur congolais) et Janine Kotwica (universitaire spécialiste de l'album illustré)...

Un stage de formation d'une vingtaine de journalistes de la presse écrite et de la télévision, sous la direction de Daniel Fra, de l'Ecole Supérieure de Lille, a produit un quotidien du festival, mais l'une des innovations majeures fut la délocalisation à Kita, Mopti, Koulikoro, grâce à l'appui de l'appui de la Filière du Livre au Mali (AFLAM) sous la direction d'Aline Présumey. C'est ainsi que Koulikoro a véritablement vécu Etonnants Voyageurs dans la bibliothèque Alioun Blondin Beye, en compagnie de Boubacar Boris Diop et Tanella Boni.

A Bamako, particulièrement au CCF, des spectacles de conte, de marionnettes ont été suivis par un public d'enfants et d'adultes. Lors de la cérémonie de clôture le 25 février a permis la remise du prix du reportage RFI, prix Reporter Sans Frontières remporté par le Malien Diassé Boiré dans la catégorie radio. Diassé Boiré est chargé des questions liées à l'agriculture à la Division Animation Rurale de l'ORTM (Office de Radio et Télévision du Mali). Son reportage intitulé "Les larves de mouches comme aliment pour le bétail" a été diffusé le 13 février 2001 sur les antennes de l'ORTM.

Le Festival Etonnants Voyageurs est une chance pour le Mali d'aujourd'hui et de demain - comme l'a dit Pascal Baba Couloubaly, ministre de la Culture : "un festival à encourager et à soutenir".

de Bamako, Adama Coulibaly

Ananda Devi
© John Foley/Opale

Abdourahman Waberi © Jacques Sassier/Gallimard),

Koulsy Lamko
© Patrick Fabre

Mongo Beti
© Samy Nja Kwa

Erick Orsenna
© Bernard Matassière

Etonnants voyageurs, voyageurs étonnés

Impressions du festival du Livre par Tanella Boni, écrivain ivoirienne invitée.

Nous sommes allés à Bamako sous le signe de l'étonnement. Sur l'événement "Etonnants voyageurs à Bamako", il y aurait beaucoup à dire. Mais il y a des choses qui sautent aux yeux qu'il faut taire ou ne dire qu'en privé, à des proches. Des choses qui ne doivent pas passer par l'écriture au risque de porter préjudice à ce qui mérite d'être défendu. Disons donc ce qui mérite d'être dit en peu de mots.

Mais tout n'a-t-il pas déjà été dit depuis la précédente édition ? Rarement un événement culturel a bénéficié, dans l'Hexagone, d'une couverture médiatique aussi puissante.

Cette année aussi les radios du monde, les télés et toute la presse d'ailleurs, même ceux que l'Afrique n'intéresse pas en temps ordinaire, ont fait le déplacement. Ils étaient là, ont filmé, pris des notes, enregistré des débats, fait des reportages. Est-ce le Festival du Livre qui attire tout ce beau monde ? Est-ce la ville de Bamako qui agit comme un catalyseur ? Ou est-ce plutôt l'idée du dépaysement ? "L*e Mali est l'un des pays de l'Afrique de l'Ouest où l'on se sent le plus dépaysé*" ai-je entendu dire dans le hall de l'hôtel de l'Amitié qui a accueilli les participants à la manifestation. Oui, le dépaysement, premier signe d'étonnement. Mais ce qui m'étonne, c'est que parmi le nombre impressionnant de caméras, de micros, de plumes et de voix connues et reconnues, il y ait eu si peu de journalistes du Continent, de la sous-région ou simplement du pays. Où étaient-ils ?

Des écrivains étaient là, toutes générations confondues. Ceux classés par les spécialistes "nouvelles générations" ont fait le déplacement précédés par l'exposition et le numéro spécial de la revue *Notre Librairie* qui leur sont consacrés. Venus de partout, très différents les uns des autres mais habités par cette passion commune : l'écriture. Pour chacun, j'imagine, la page blanche est le premier territoire que l'on arpente sous le signe de l'étonnement ; le premier paysage que l'on parcourt en découvrant d'autres univers, en retrouvant des personnages et des êtres chers enfouis on ne sait dans quelle forêt sacrée. Il leur a été demandé ce que le voyage représentait pour chacun d'eux, s'ils croyaient encore aux ancêtres, en quoi consiste l'exil. La poésie eut droit de cité. L'un des rares moments où un écrivain malien prit la parole, habité par l'émotion, devant le public du Centre Culturel Français. Car où étaient-ils pendant cette semaine pleine de bruits et de fureur où, au Centre Culturel Français, le monde fut dit, fait et refait ? Il doit y avoir des raisons pour lesquelles les écrivains du Mali étaient si peu visibles...

Le marché de Koulikoro, vers 1910.

Le dernier débat, le plus houleux, se passe de tout commentaire : "l'Afrique n'existe pas".

L'étonnement, on l'aura compris, peut être provoqué par la pertinence ou l'impertinence des thèmes de débats, la manière dont ils sont conduits.

Les écrivains se sont retrouvés plus d'une fois dans cette arène où il fallait se battre becs et ongles. Débats ou batailles rangées où chacun campe sur ses positions. Voire. Une chose est sûre : les écrivains présents à Bamako ne manquaient pas d'énergie, cette énergie qu'il faut thésauriser en vue des chemins ardus de la création. Certains l'ont compris qui au cours de ces moments de frénésie intense préféraient garder les portes du silence...

Pour ma part, j'ai trouvé un sens à mon étonnement quand, le 24 février, en compagnie d'autres écrivains, j'ai fait le voyage à Koulikoro à une soixantaine de kilomètres de Bamako. Koulikoro, la ville de toutes les fins : fin du monde, fin du chemin de fer, début de la navigabilité du fleuve Niger. Ville-carrefour où tout commence ou prend fin. Ville-Oméga. Ici, le partenariat autour du Livre a un sens. Nous sommes invités par le projet AFLAM (de la Coopération française) à rencontrer des lecteurs de Koulikoro dans une Bibliothèque pas comme les autres. Ici le livre est un objet précieux, on en prend soin dans cette bâtisse aérée construite à cet effet. Des plus jeunes aux anciens, à Koulikoro on "aime lire". Il y a des clubs de lecture et des "amis de la Bibliothèque". Le public était là, bonne nouvelle.

Nous avons été accueillis, on nous a demandé les nouvelles des pays d'où nous venons et puis un guide fin historien, ethnologue et grand connaisseur des choses de la Tradition nous a fait visiter la ville. J'ai retrouvé ce jour-là des pages d'histoire de mes années Collège. Soumangourou Kanté, en 1235 a disparu sur la colline de Koulikoro. Oui, je me suis souvenue des nombreuses versions de la disparition de l'illustre souverain dont le successeur Soundiata Keïta est un autre pan de l'histoire de l'Afrique des Grands Empires. Nous avons escaladé les flancs de la colline sous le soleil entre midi et deux heures. Nous sommes allés jusqu'à la grotte qui doit cacher bien des trésors ancestraux. Les ancêtres sont ici et je suis sûre que les dessinateurs qui étaient avec nous ont pu capter quelques silhouettes. Il y eut aussi la visite du sanctuaire qui recèle toute la puissance des ancêtres. Autel national à qui autochtones ou étrangers peuvent se confier. Une autre histoire plus mystique celle-là, comprise par des initiés. Il y avait là le sacrificateur, sa femme et ses enfants qui vaquaient à leurs occupations habituelles. Et un chien malade pas silencieux du tout a pris l'habitude d'attirer tous les regards sur son état de santé.

Koulikoro sous le soleil de midi c'est une série d'histoires qui s'emboîtent les unes dans les autres ou la rencontre de mythes parallèles qui viennent se ressourcer au même endroit. Ici aussi des choses ont été entendues, des symboles vus plus ou moins compris selon le degré d'initiation de chaque voyageur. Je revois le *douga*, le vautour, l'oiseau-fétiche venant se poser sur les épaules de Soumangourou et l'avertir du danger qui le guette. Le vautour, l'oiseau qui a très longue vie et se nourrit de toutes les chairs. Je comprends cette langue mais je ne sais comment l'interpréter.

Sur le bateau à quai en cette période de basses eaux, je comprends quelques mots de l'idée ancienne de marché. De l'autre côté du Fleuve, il y a Gouni, les traces de ce grand marché carrefour où aux 18ème et 19ème siècles tout comme à Djenné et à Kankan, la Côte d'Ivoire, la Guinée et le Mali se rencontraient. Ces pays ne portaient pas encore ces noms-là mais les populations, elles, n'ont pas attendu que l'on nomme des pays et trace des frontières pour se déplacer, échanger des noix de cola contre du sel, rencontrer d'autres populations venant du Nord. J'apprends (ce que j'ignorais) que Gouni a été bombardé en 1890 par Archinard au temps d'El Hadj Omar. Je ne sais si j'ai pris bonne note. J'ai compris qu'à Koulikoro, l'Islam était là depuis longtemps, que les premières mosquées ont été construites à partir de 1884 et que le syncrétisme religieux était vivace…

Parmi les “voyageurs étonnés”, je me suis posé des tas de questions sur ce festival plein de bruits et de fureur. Mais les vraies rencontres, je le sais, n'ont pas lieu en plein bruit. Je suis allée à Bamako et à Koulikoro, j'ai écouté aux portes et lu entre les lignes des mots qui n'étaient pas écrits. J'ai cueilli de quoi nourrir mon imagination et je suppose que chacun a fait la même chose… en attendant que, par un heureux hasard, les uns et les autres puissent enfin se rencontrer.

Tanella Boni
Abidjan, 4 mars 2002

L'extermination en échec

L'écrivain Abdourahman A. Waberi à propos du livre de Yolande Mukagasana qui est allée parler avec les témoins du génocide rwandais – un livre de paroles et de photos.

Rescapée du génocide rwandais de 1994, devenue auteur d'ouvrages de témoignage importants, remarquée dès *La mort ne veut pas de moi* (Fixot, 1997), suivi de *N'aie pas peur de savoir* (Robert Laffont, 1999), Yolande Mukagasana est, comme Venuste Kayimahe, Ntaribi Kamanzi ou Benjamin Sehene, de ces Rwandais qui refusent de passer par pertes et profits le million de morts du génocide. Leur but : trouer l'épais silence qui entoure encore ce crime contre l'humanité et faire éclater toute la vérité sur les Cent Jours d'horreur du Rwanda. Joignant le geste à la parole, Yolande Mukagasana s'est faite actrice par la force des choses au sein du collectif Groupov, avec lequel elle a co-écrit la pièce de théâtre, *Rwanda 94* (cf. *Africultures* 20 p. 53-56 et 32 p. 69-74).

Le dernier livre de Yolande Mukagasana est précieux à maints égards. Un des trop rares livres à pénétrer dans les prisons surpeuplées du pays. Une des rares tentatives qui mêlent et confrontent les mots et les regards des bourreaux et des victimes. Chaque témoin, parmi les quatre-vingts rencontrés, qu'il soit victime ou bourreau, rescapé ou prisonnier, est doublement présent. D'abord par son entretien avec Yolande Mukagasana, ensuite par sa photographie prise par le Belge Alain Kazinierakis. Ses clichés en noir et blanc ont quelque chose de saisissant. Elles ravivent les blessures de ces inconnus qui nous fixent du regard et qui se révèlent aussi humains à part entière. Ce faisant, ils réveillent, au plus profond de nous, notre instinct de voyeur. Pour garder un semblant de sang-froid, le lecteur tentera de scruter chaque visage pour débusquer quelque signe de monstruosité perceptible. J'ai éprouvé ce même sentiment dans la prison de Rilima, au QG des génocidaires de haut rang, au milieu de quatre-vingts condamnés à mort, tous calmes, tous résolus et combatifs. Tous vétilleux comme des avocats américains en plein exercice.

Ce qui détonne dans ce livre ce sont les prises de parole des tueurs. Certains parlent à cœur ouvert (à Yolande avec qui ils étaient à tu et à toi avec le génocide), se sauvant des fantômes qui les assaillent de toutes parts. D'autres s'enferrent dans le silence ou "*ne se souviennent de rien*". Beaucoup s'embarquent dans de laborieuses justifications (comme Valérie Bémériki, ex-journaliste vedette à Radio Mille Collines), dialoguant à distance avec les souvenirs de leurs victimes. Dont Yolande Mukagasana elle-même.

On dit souvent que bourreaux et victimes continuent à se croiser en silence sur les collines du Rwanda,

la confrontation verbale se passe ici sans violence ni haine. Il faut crever l'abcès, conjurer le silence, donner au pardon ses chances. Yolande Mukagasana se donnant, pour ultime tâche, de guérir ses compatriotes du traumatisme tant individuel que collectif. A propos d'un des tueurs de sa propre famille, elle note ceci : "*Gaspard était mon voisin, c'est lui a fait sortir mes enfants pour aller les massacrer. Depuis que j'ai parlé d'eux, il y a de la haine dans les yeux de mon interlocuteurs*" (p. 56).

Les concepteurs du génocide ont voulu exterminer jusqu'au dernier Tutsi (et Hutu modéré) pour que personne ne puisse témoigner un jour. Les récits des rescapés, la mémoire des survivants et le repentir de nombre de meurtriers, sont les signes patents de leur échec.

Abdourahman A. Waberi

***Les Blessures du silence*, témoignages du génocide au Rwanda, Yolande Mukagasana, photographies de Alain Kazinierakis, Actes-Sur/Médecins Sans Frontières, 2001, 160 pages, 24,90 euros**

Correspondances

Mozambique : paradoxes de l'engagement

de Maputo, Jordane Bertrand

"La culture est un soleil qui ne se couche jamais" : ces mots étaient jadis inscrits sur le portail d'entrée de la Foire populaire de Maputo. Samora Machel, le premier président du Mozambique indépendant et socialiste, croyait en une culture populaire, au service de la communauté. Ce fut la chance de ce pays que d'avoir, au lendemain d'une Indépendance gagnée de haute lutte et malgré les immenses difficultés du pays, un gouvernement d'intellectuels sensibles au développement des arts.

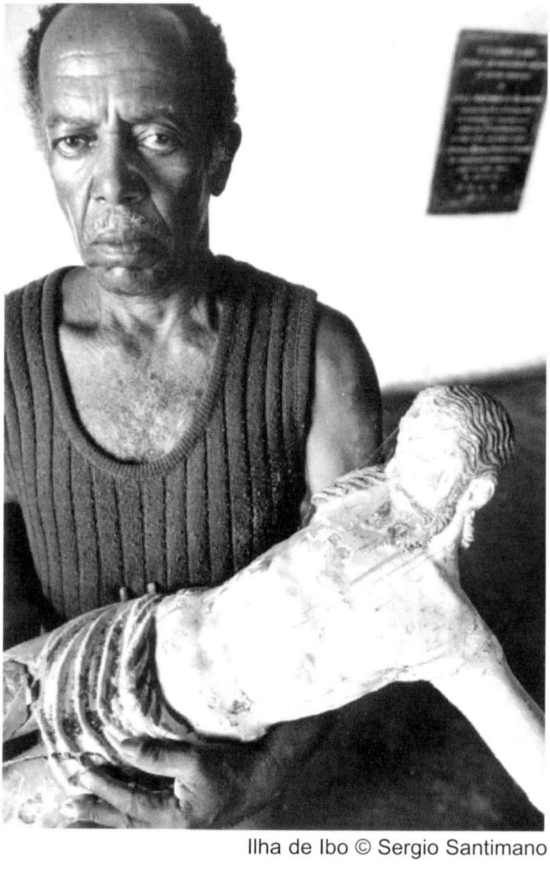

Ilha de Ibo © Sergio Santimano

Les temps ont changé, l'économie de marché s'est substituée au socialisme, le pays s'est ouvert au multipartisme. Depuis la fin de l'Apartheid, les relations se sont développées avec le grand voisin sud-africain, et le pays commen-

A noiva © Sergio Santimano

ce à oublier les temps difficiles de la guerre civile. Comme partout, les mouvements culturels ont accompagné les soubresauts de l'Histoire, marquant chaque génération du sceau de ses difficultés et de ses interrogations. De son parcours original, de son isolement aussi, le Mozambique a fait émerger des courants artistiques dont la singularité se révèle aujourd'hui une force à la fois créatrice et contraignante.

Sortir de la guerre

Gonçalo Mabunda a 25 ans, l'âge de son pays indépendant. Moitié de vie de guerre, moitié de vie de paix. La guerre civile a pris fin en 1992 et depuis sept ans, Gonçalo s'est lancé dans la sculpture. Sans formation initiale, il a commencé à travailler avec l'appui d'un projet social visant à échanger les armes dispersées dans le pays contre des outils pour travailler la terre. Intégré au *Nucleo de Arte*, association d'artistes créée dès 1921, il fait partie d'un groupe de sept jeunes sculpteurs associés au projet de transformation d'armes en objets d'art. En janvier dernier, la découverte de 450 armes, vestiges de la guerre, à l'intérieur du pays, fait dire à Gonçalo qu'il ne manquera pas de sitôt de matière première. Néanmoins, d'une démarche qui était au départ un engagement politique et symbolique en faveur d'une culture de la paix, a surgi progressivement un travail plus recherché, plus varié aussi. Les armes ne sont plus seulement les armatures originales de chaises ou de bancs mais construisent des corps humains, au point de s'identifier avec chacun des membres, des muscles et des articulations de figures toujours plus stylisées.

Même si la génération de Gonçalo reste marquée par la guerre, il existe aujourd'hui à Maputo une volonté de sortir des chemins creusés, dès 1950, par les années de lutte, de souffrance, d'abandon. Le politique ne domine plus le discours artistique. On assiste ça et là à un retour vers l'intime, sensible aussi bien dans l'œuvre littéraire de Mia Couto que dans les travaux d'artistes plasticiens plus jeunes (Radiante, Silvia Bragança, Marcia Tomo) exposés lors de l'édition 2002 de *Musart*, manifestation soutenue depuis dix ans par le Musée National des Arts. De ce retour vers soi et de ce dévoilement d'individualités surgissent aussi davantage de confrontations et de conflictualités. Sans pour autant que la nouvelle génération de peintres et de sculpteurs, dont beaucoup travaillent au *Nucleo de Arte*, parfois en étroite cohabitation avec des artistes plus âgés, se revendique d'une idéologie de rupture.

L'engagement pour la communauté reste un leitmotiv fort des courants artistiques mozambicains, conscients d'être dans un pays qui a tant de besoins. Mais le débat sur la place de la culture dans la société civile a évolué. Dans un pays où l'habitude était de tout recevoir de l'Etat, de la paire de chaussures à l'objet culturel, les artistes comme les structures institutionnelles aspirent à un changement de mentalité. C'est ainsi que la Direction de l'action culturelle du ministère de la Culture s'attache à stimuler la participation de la société civile à la vie culturelle en cherchant notamment à promouvoir le lancement d'associations. Mais le coût prohibitif de l'enregistrement d'une association au ministère de la Justice montre combien le chemin est encore long. Ce sont les associations créées au lendemain de l'Indépendance et dans les années 80 qui constituent encore les armatures du développement culturel, notamment grâce au soutien apporté par les multiples coopérations présentes au Mozambique.

La question des espaces culturels

est également à l'ordre du jour. Certes, Maputo ne manque pas réellement de lieux d'exposition ou de salles de spectacles, mais la situation s'inverse radicalement dès que l'on sort de la capitale.

Un stage de formation au journalisme culturel organisé en février à Maputo a relancé le débat, en berne depuis quinze ans, sur la place de la culture dans les médias. Parallèlement, le mécénat privé commence à se développer : la compagnie nationale des télécommunications TDM s'associe chaque année à une exposition de peinture et à un concours littéraire. L'entreprise mozambicaine et sud-africaine Mozal, la plus grande industrie du Mozambique, a créé en son sein un département de soutien aux actions culturelles.

La vie culturelle mozambicaine semble donc être dans une période de transition, tant dans ses interrogations artistiques que dans le développement de nouvelles structures. Les grandes figures tutélaires, tels Malangatana (peinture) ou Alberto Chissano (sculpture), restent des références. Les travaux de dix sculpteurs et peintres réunis le mois dernier dans la maison natale de Chissano à l'occasion du huitième anniversaire de sa mort, témoignent de la fidélité à cet héritage. En même temps, les réflexions individuelles expriment aujourd'hui le besoin de sortir d'une histoire artistique collective enracinée dans la souffrance, tout en explorant de nouveaux modes d'implication au sein de la communauté.

Entrer dans la fantaisie

Sergio Santimano est un photographe d'une quarantaine d'années. Formé, comme la plupart de ses collègues, à l'école de photo-journalisme initiée par Ricardo Rangel, il s'interroge aujourd'hui sur l'évolution de son art. Pour lui, il est temps que le Mozambique s'ouvre à la fantaisie. Il envie l'audace des photographes congolais dont il a découvert les œuvres aux rencontres photographiques de Bamako en 1998. Il étudie avec minutie la force individuelle des portraits des studios maliens et sénégalais des années 50. Pour lui le temps de la photo documentaire à sujet collectif, prise de face, sautant au visage du spectateur, appartient à l'histoire du Mozambique. Les deux œuvres qu'il présente à l'occasion de l'exposition collective fêtant le 21ème anniversaire de l'Association des photographes montrent bien son désir d'ouverture : *Badru-o meu amigo de infância* (Badru – mon ami d'enfance), une photo en couleurs prise de côté et en contre-plongée ; *A cozinha dos meus antepassados* (La cuisine de mes ancêtres), une photo en noir et blanc dont le sujet principal est un animal. De la même façon, le travail de Luis Pedro Basto, né à Maputo en 1969, montre comment, influencé au départ par l'école du photo-journalisme, il s'intéresse aujourd'hui aux chocs engendrés par la ville. Alors qu'il était quasi impossible de circuler dans le pays pendant la guerre, le mouvement et la circulation reprennent vie dans la

A cozinha dos meus antepassados - Goa © Sergio Santimano

photographie mozambicaine. Par ailleurs, Santimano reconnaît la chance qu'il a eu de pouvoir voyager et par là même d'ouvrir ses horizons. Pour beaucoup, qui sont restés au Mozambique, l'adversité de la vie quotidienne reste au centre de l'objectif.

De même, dans les arts plastiques, la recherche anthropologique perd de son influence laissant plus d'espace au trajet individuel. L'émergence dans les années 90 d'une artiste makonde loin de tout héritage idéologique, Renata, est à souligner. Son travail, forgé dans la tradition, s'est développé à partir de son histoire individuelle. Ses œuvres en céramique, reprenant une part de l'héritage des masques makonde, intègrent une dimension intime, de vie quotidienne féminine, non dépourvue d'espièglerie.

Notons surtout que les travaux, photographiques, plastiques ou littéraires au Mozambique ne s'inscrivent pas dans la démarche démonstrative d'une revendication africaine forte. Il n'est nul besoin pour un artiste mozambicain, nourri d'une histoire de métissages multi-séculaires, de crier son africanité à la face du monde occidental. La réalité intime de nombreux artistes, une part d'eux-mêmes attachée à trois continents, Afrique, Europe, Asie, liée simultanément à l'isolement de leur pays pendant plusieurs décennies, est sans nul doute le creuset qui permettra une créativité à venir plus libre et imprévisible. Le dixième anniversaire des accords de Paix qui sera fêté en octobre 2002 donnera-t-il le signal de cette entrée en fantaisie ?

Agenda - avril 2002

Arts plastiques

Paris - *Ghana : Or et souverains, Exposition-vente d'art et d'artisanat*

du 18 avril au 27 juil.

50 rue Sainte-Anne - 75002 - tél : 01 42 86 16 25 - http://www.vdm.com/vdm/cite/artisanat/calendrier_ventes.asp

Paris - *Sculptures de Zachariah Njobo et peintures de Diako*

jusqu'au 21 avril.

Galerie Regards Croisés - 139 Bld St Michel 75005 Paris (M Port Royal) - Tel: 01 43 25 90 89 / 01 42 09 85 94 - http://www.art-z.net

Paris - *Afrique secrète - L'Art en marche de Ndary Lo*

jusqu'au 21 juil.

L'exposition Afrique secrète réunit une centaine de pièces provenant toutes du musée Dapper. Elle s'articule autour de deux thèmes clés : les rites dus aux défunts en Afrique équatoriale et l'univers initiatique en Afrique de l'Ouest. Les œuvres de Ndary Lo accompagne la première exposition. L'artiste sénégalais Ndary Lo récupère et adapte des éléments en fonction du milieu dans lequel il se trouve. Sa matière de prédilection est le fer, qui donne forme à la charpente métallique de ses sculptures.

Musée Dapper - 35 rue Paul Valéry 75116 Paris - 01 45 00 31 73

Paris - *A la rencontre d'une autre Afrique - Arts et culture d'Afrique du Sud*

du 20/02/02 au 17/06/02

Les productions plastiques et graphiques des communautés sud-africaines sont très différentes de celles du reste de l'Afrique puisqu'on y trouve pas de masques et peu de statuaire. L'exposition qui compte 200 pièces, se concentre essentiellement sur des objets de la vie quotidienne des XIXe et XXe siècles mais présente aussi quelques témoignages de l'histoire de cette partie du monde.

Musée national des Arts d'Afrique et d'Océanie - 293 av. Dausmesnil 75012 Paris - 01 43 46 51 65 - www.musee-afriqueoceanie.fr

Paris - *Michel Toussaint et NAL-VAD*

jusqu'au 07 avril.

Galerie Agbe & Gbalicam - 7 rue st Paul 75004 - Paris

Paris - *Ubuntu, arts et cultures d'Afrique du Sud*

jusqu'au 17 juin

Avec une sélection de deux cents œuvres issues de collections particulières et de musées sud-africains et européens, l'exposition propose une découverte des civilisations traditionnelles d'Afrique du Sud, celle des Zoulous, celles aussi d'autres cultures moins connues. Le parcours thématique est divisé en six sections : Une terre chargée de mémoire, Contacts et conflits, Autorité et pouvoir, Le sacré dans le quotidien, Se rapprocher des ancêtres, Expressions des identités individuelles et collectives.

Musée national des Arts d'Afrique et d'Océanie - 293 av. Daumesnil 75012 - 01 43 46 51 61

Paris - *"C'est pas grave ça va aller", Blaise Patrix*

jusqu'au 22 avril.

Exposition des oeuvres de Blaise Patrix, artiste d'origine française qui a vécu 20 ans au Burkina Faso et vit depuis entre le Sénégal et la France. (cf. Africultures 41).

Cabinet Tricaud-Moureau-Veillon - 4, place Denfert Rochereau, 75014 Paris - tél. : 01 40 64 00 25

Paris - *Une expression des espaces au féminin - Architecture de terre Kassena au Burkina Faso*

jusqu'au 06 avril

Exposition photographique présentant la réalisation d'une habitation lors d'un atelier d'échanges, les modes de vie, l'architecture de terre du Burkina... Des rencontres et débats autour de la conservation du patrimoine en Afrique. Des ateliers d'architecture et de créations en terre pour les jeunes les samedis. Egalement prévues des animations avec des griots et des dégustations culinaires.

Bâtir et Développer - 14 rue Abel 75012 Paris - batir_developper@hotmail.com - tel : 01 40 19 94 57 / 01 40 21 03 99 - Ambassade du Burkina Faso - 159 bd Haussmann 75008 - 01 43 59 90 63

Noisy-le-Sec - *Djamel Kelfaoui*

du 02 au 28 avril.

Médiathèque Roger Gouhier - 3 rue Jean Jaurès, 93130 Noisy-le-Sec - Tél. : 01.49.42.67.19 - Email : info@mediatheque-noisylesec.org - http://www.mediatheque-noisylesec.org/mondarab/kelfa.htm

Bordeaux - *La création artistique contemporaine en pays d'Islam*

Du 02 au 12 avril.

Exposition des œuvres de Konaté Dialiba (Sénégal), Yelimane Fall (Sénégal), Kalidou Kassé (Sénégal), Rachid Koraichi (Algérie), Tita (Sénégal), Islam Zian Alabdeen (Soudan).

La Maison des Arts, Bordeaux III (Pessac) - Rens. 05 57 12 45 02 - http://www.web2a.com

Pernes-les-Fontaines (84) - *Kofi Darrah, peintre togolais*

jusqu'au 19 avril.

Galerie Traces - 226 cours Jean Jaurès 84 210 Pernes-les-Fontaines - 04 90 61 61 21 - Pernes-les-Fontaines (84)

Bologne (Italie) - *Matite africane (Crayons d'Afrique)*

jusqu'au 30 avril.

Africa e Mediterraneo, revue trimestrielle de culture et de société africaine, présente l'exposition de bande dessinée et de dessins satiriques africains. Du 15 mars au 6 avril : l'Accademia di Belle Arti, via Belle - Arti 54, Bologne. Du 9 au 30 avril : l'Istituto Statale d'Arte, via, Castiglione 36, Bologna. 11-13 avril 2002 : Atelier avec des dessinateurs africains. Istituto Statale d'Arte, via Castiglione 36, Bologna

Africa e Mediterraneo - www.africaemediterraneo.it - tel e fax 051/840166 - e-mail: progetti@africaemediterraneo.it

Bruxelles - *Ping Pong, Aïda Kazarian et Aimé Ntakiyica*

jusqu'au 27 avril.

La Raffinerie - 21 rue de Manchester 1080 Bruxelles

Cinéma

Paris - *Rétrospective des films primés aux Biennales des cinémas arabes passées*

En attendant la 6ème Biennale des cinémas arabes, se déroulant du 29 juin au 7 juillet, l'Institut du Monde arabe projette chaque samedi et dimanche l'ensemble des films primés sur les cinq premières Biennales, du 6 avril au 2 juin.

Programme : www.imarabe.org - Institut du Monde arabe - 1 rue des Fossés-saint-Bernard 75005 - 01 40 51 38 11

Paris - *5ème Biennale Objectif Doc*

du 25 mars au 06 avril.

Le Centre Wallonie-Bruxelles organise du 25 mars au 6 avril la 5ème Biennale Objectif Doc, festival non compétitif de documentaire de création. 40 documentaires de création produits depuis mars 2000 seront pésentés.

Centre Wallonie-Bruxelles - 46 rue Quincampoix 75004 Paris - tel : 01 53 01 96 96

Tournée - *Projection - Rencontre avec Khaled Ghorbal le réalisateur de "Fatma"*

Khaled Ghorbal le réalisateur de "Fatma" (Tunisie), en salles en France le 27 Février, viendra à la rencontre du public du 26 février au 16 avril, dans 34 villes en France : Jeudi 4 avril à 20h30 - Les Drakkars (50000 Saint-Lo), Vendredi 5 avril à 20h30 - Le Palace (50120 Équeurdreville-Hainneville), Lundi 15 avril à 20h30 - La Palette (71700 Tournus), Mardi 16 avril à 20h30 - Le Phénix (21506 Montbard).

Leuven (Belgique) - *Afrika Filmfestival*

du 26 avril au 11 mai.

et aussi à Diest (9 - 18 avril), Aarschot (22 - 24 avril), Dilbeek (12 - 18 avril), Haacht (3 - 8 mai) et aussi des séances à Tervuren, Strombeek et Halle.

Guido Huysmans - Leuvensebaan 323 - 3220 Holsbeek - Belgium - tel.: +32 (0)2.474.74.93 - mobile: 0495.86.84.68 - guido.huysmans@skynet.be - www.vl-brabant.be/afrikafilm/

Genève (Suisse) - *Festival Médias Nord-Sud*

du 05 au 12 avril.

Caravane des cinémas d'Afrique
Sainte-Foy-lès-Lyon - Rhône
23 avril au 5 mai 2002

La 7e Caravane des cinémas d'Afrique fait étape à Ste-Foy-lès-Lyon (Rhône), au cinéma Jeanne Mourguet du 23 avril au 5 mai 2002. Une vingtaine de longs et courts-métrages offrent un large panorama des cinématographies d'Afrique. Les invités de la Caravane (réalisateurs, comédiens, actrices...) partagent avec les festivaliers leurs connaissances et leur passion pour le cinéma. La biennale, Caravane des Cinémas d'Afrique propose, en défendant un cinéma trop peu connu, un voyage chargé de sensations, de découvertes, de questionnements et de réflexions…
Moussa Touré, réalisateur de TGV (Sénégal) est l'invité d'honneur et le parrain de la Caravane. Il présentera Poussières de ville (Sénégal 2001), un documentaire singulier sur les enfants des rues. Fabineta Diop, une jeune réalisatrice est son invitée et présentera Mariage-Ménage, (Sénégal 2001) un documentaire sur la vision que les femmes de Dakar ont sur le mariage.

Parmi les événements de la Caravane :
- un Hommage au cinéma tchadien pour lequel le cinéaste Mahamat-Saleh Haroun présentera Bye Bye Africa, (Tchad 1999) premier film de fiction tchadien. Issa Serge Coelo présente Un taxi pour Aouzou, (Tchad 1995) et son premier long-métrage Daresalam (Tchad 2000).
- Regards sur l'Afrique du Sud
L'occasion de présenter Hijack Stories (Afrique du Sud 2001) du réalisateur sud africain Oliver Schmitz et Sarafina (Afrique du Sud 1992) de Darrell James Roodt.
Michel Amarger, journaliste à RFI viendra animer les débats.
- Nuit des Cinémas d'Afrique… autour de la musique et de la danse.
Djeïnaba Diop Gaï présente Karmen (Sénégal 2001) du réalisateur sénégalais Joseph Gaï Ramaka, un film inspiré du Carmen de Bizet qui a fait scandale à Dakar. Egalement La vie est belle (Congo-Belgique 1987) de Benoît Lamy et Mweze Ngangura avec Papa Wemba, un film qui a remporté un vif succès lors de sa sortie dans les salles d'Afrique de l'Ouest en 1988, La vie platinée (Côte d'Ivoire 1987) de Claude Cadiou et Sarafina (Afrique du Sud 1992) de Darrell James Roodt.
Des intermèdes musicaux et une restauration africaine ponctueront les projections.

- Soirée Courts-métrages
Deux programmes de Courts-métrages des cinéastes et dramaturges ivoiriens Claude Gnakouri et Luis Marquès :
Trois Fables à l'usage des blancs en Afrique (Côte d'Ivoire - Espagne 1998)
et Trois Fables africaines (Côte d'Ivoire - Espagne 1999)
Des petits films percutants sur des visions du monde qui s'opposent.

Une section Jeune public est égament programmée, ainsi que des séances pour les scolaires. En parallèle des projections, un spectacle de conte, des ateliers-conte, un marché africain, une messe accompagnée de la chorale Cameroun Gospel Singers, plusieurs expositions et des conférences, débats ou rencontres organisés à chaque séance.

cinéma Jeanne Mourguet - 43 Grande Rue 69110 Sainte-Foy-lès-Lyon - Tél : 04 78 59 01 46 - Fax : 04 78 59 63 68 - cine.j.mourguet@wanadoo.fr - www.grac.asso.fr - Renseignements au 04 78 59 01 46

Le Festival Médias Nord-Sud présentent les films de télévisons et les films indépendants consacrés aux relations Nord-Sud et au développement. Cette 18e édition portera un regard particulier sur le thème "Les médias, les facteurs religieux et le traitement de l'actualité".

Programme : http://www.nordsud.ch/ - tel : 41 22 708 81 93

New York - *New York African Film Festival*

du 05 au 11 avril.

Le 8ème African Film Festival aura lieu au Walter Reade Theater (Lincoln Center) à New York, du 5 au 11 avril 2002. De nombreux réalisateurs seront présents (Mansour Sora Wade, Joseph Gai Ramaka, Owell A. Brown, Nick Hughes, Akin Omotoso, Teboho Malahtsi, Manu Kurewa...).

Renseignements : www.filmlinc.com - www.africanfilmny.org - (source : Ecrans Nord-Sud)

Douala (Cameroun) - *Festival Images du Cameroun*

du 27 avril au 04 mai

Il comprendra deux volets, l'un consacré aux nouvelles productions (fictions ou documentaires, camerounais ou étrangers) et l'autre consacré à des films anciens et historiques sur le Cameroun. Des tables rondes sont prévues et Jean-Pierre Dikongué Pipa est attendu, tout comme d'autres réalisateurs français et camerounais.

Renseignements : mice_org@yahoo.com - (source : Ecrans Nord-Sud)

Danse

Paris - *Germaine Acogny / Tchouraï*

du 23 au 25 avril

En coproduction avec le Centre national de la danse. Conception et danse : Germaine Acogny. chorégraphie : Sophiatou Kossoko. La grande dame de la danse africaine se retouve pour la première fois en position d'interprète.

Théâtre Les Abbesses

Montpellier - *Rock my Tutu, chorégraphie de Robyn Orlin*

le 24 avril.

Avec un style toujours aussi acéré et provocateur, Robyn Orlin (Afrique du Sud) réussit son pari de déconstruire (sans démolir totalement) et de démystifier la symbolique du tutu.

Opéra Comédie - Montpellier

Histoire / Société

Paris - Table ronde du cercle Frantz Fanon sur Haïti

le 06 avril.

Dans le cadre du festival "images d'ailleurs". Deux thèmes seront abordés : a) l'exclusion d'Haiti dans les relations internationales de 1804 à 1825, aux origines de la dette haïtienne. b) l'exclusion des travailleurs migrants haïtiens dans les "départements français d'Amérique" (DOM-TOM).

Cinéma La Clef - (M Censier-Daubenton)

Paris - L'Histoire de la Mauritanie

jusqu'au 11 avril.

Le 4 avril 2002 à 14 h, M. Patrice BERNARD : Populations minoritaires en danger. Le 11 avril 2002 à 14 h, M. Ezzedine HOSNI : Le tourisme culturel pour le développement du tiers monde. Cours-Conférence de l'Ecole d'anthropologie ouvert aux auditeurs libres.

Ecole Supérieure de Physique et Chimie Industrielles - salle 313 ; escalier C, 2ème étage - 10 rue Vauquelin Paris 5ème

Milan (Italie) - *"Images of Africa in Europe*

du 19 au 20 avril.

COSA - Centro Orientamento Studi Africani

Hammamet (Tunisie) - *Cultures populaires du Moyen-Orient et de l'Afrique du Nord*

du 02 au 07 avril

http://www.limag.com/Nouveau/Colloques/Carthage2002.htm

Dakar (Sénégal) - *Exposition internationale Femmes "bâtisseurs" d'Afrique*

jusqu'au 30 avril

Exposition internationale Femmes "bâtisseurs" d'Afrique, Un récit de la femme africaine en devenir. Présentée à Dakar au Musée d'Art africain, du 8 mars au 30 avril

12ème Festival Images d'Ailleurs
Cinéma et Exclusion
Paris - cinéma Images d'ailleurs
4 au 11 avril 2002

Depuis plusieurs années, Images d'Ailleurs défend une certaine cinématographie, en accordant la priorité aux films Art et Essai du monde entier et plus particulièrement aux films du Sud - Afrique, Amérique Noire, Caraïbes...

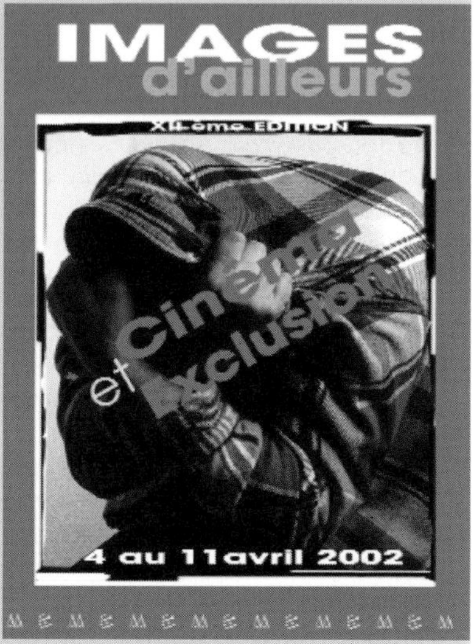

L'édition 2002 du Festival se penche sur le phénomène de l'exclusion de la façon la plus large possible, l'exclusion culturelle, l'exclusion humaine, l'auto-exclusion, l'isolement, la double peine, l'univers carcéral...

Avec de nombreuses projections de fictions et de documentaires, ainsi que les tables rondes sur lesquelles interviendront cinéastes, sociologues, chercheurs. De plus, une journée de réflexion sera consacrée à l'invité d'honneur Mumia Abu-Jamal.

Une exposition sur le thème de l'exclusion et de nombreux artistes musiciens accompagneront le Festival.

Les Tables Rondes (entrée libre) :
Le 5 avril à 18h : Exclusion et mondialisation (M. Victor) ATTAC, AC, Patrice Barrat (réalisateur), Africultures.
Le 5 avril à 20h : Regards des cinéastes sur l'exclusion.
Le 6 avril à 14h : Projection du film CÔTE D'IVOIRE : POUDRIÈRE IDENTITAIRE de B. Scheuer, M. Steinbock, D. Tremblay et P. Van Thienen suivie d'un débat L'exclusion raciale en Côte d'Ivoire : les usages politiques de la notion d'ivoirité (organisé par l'AIRCRIGE).
Le 6 avril à 18h : Présence des Haïtiens en terre d'Outre mer (Tempoc)
Le 6 avril à 20h : Regards de femmes sur l'exclusion
Le 7 avril : Hommage à Mumia Abu-Jamal (COSIMAPP, MRAP)
Le 7 avril à 18h : La double peine (LIDH), (MRAP), Nourredine Iznasni (MIB)
Le 9 avril à 18h : Exclusion sociale. Patrick Eden (Cœur à cœur), Bamaba Gueye Lindor, Abdel Aziz Gharbi (MIB).
Le 10 avril à 18h : Exclusion humaine et auto-exclusion. (Un autre monde), Djibril Gnigne (Diaspora Africaine), (Cultures du cœur)

Cinéma Images d'Ailleurs - 21 rue de la Clef, 75005 Paris - Bureau du Festival - 5 rue Médéric, 75017 Paris. - Tél : 01 47 63 74 00 - Fax : 01 47 63 85 90 - images-d-ailleurs@wanadoo.fr

2002, elle invite le public à découvrir la contribution essentielle des femmes au développement du continent africain en mettant en valeur leur dynamisme et en faisant comprendre les obstacles qu'elles doivent surmonter.

acamara@refer.sn - http://www.famafrique.org/liens/afrfanc.html - Musée d'Art africain

Santa Clara University (USA) - ***Rethinking Commonwealth/Postcolonial Literatures***

du 26 au 28 avril

jhawley@scu.edu - descriptif: http://web.bryant.edu/~usaclals/

Littérature

Paris - ***Contes au Musée Dapper***

Deux mercredis par mois, des comédiens conteurs font partager la richesse de leur tradition orale. Les 10 et 24 avril : Gabriel Kinsa, Congo. Les 15 et 29 mai : Etienne Minougou, Burkina Faso

Musée Dapper - 35 rue Paul Valéry 75116 Paris - 01 45 00 31 73 - Paris

Cotonou (Bénin) - ***1ère Edition du Sa. L.A.C. Salon des Lettres Africaines de Cotonou "Le scribe noir"***

du 02 au 05 avril

L'événement, dédié aux écrivains du continent, sera consacré pour sa première édition, uniquement aux auditeurs, éditeurs et libraires locaux, à tous les professionnels du livre du Bénin avant d'accueillir en 2003 des écrivains et des professionnels venus de tout le continent. Le Sa. L.A.C. est constitué d'expositions, de séances de dédicace, de conférences, de débats, de lectures spectacles, de visites de groupes scolaires ou académiques. (source : la Lettre des Diasporas)

Yale University (USA) - ***Algeria 1962-2002: Writing Independence***

le 19 avril

Invitée d'honneur : Assia Djebar.

Renseignements: Farid Laroussi, (203) 432-4916, ou Farid.Laroussi@yale.edu

Musiques

Paris - ***Le Divan du monde***

Les 12 et 28 avril : Gospel Dream (concert gospel). Le 20 avril : Noites do Brasil (fiesta brésilienne). Le 27 avril : New Bled Vibrations (soirée orientale).

Divan du Monde - 75, rue des martyrs 75018 - tél 01.44.92.77.66 - Paris

Paris - ***Musée Dapper - Esprits d'Afrique : Musée en musique***

Le Musée Dapper et 3D Family présentent : Du 2 au 7 avril 2002, 6 soirées de musique vivante au coeur des expositions d'art africain du musée Dapper. Des rencontres musicales aux confins du jazz et des musiques populaires, puisant aux racines africaines; conduites par David Murray et racontées par l'écrivain africain américain Ishmael Reed. Mardi 2 avril : Esprits d'Afrique, du tambour de bouche à la batterie de percussions (USA, Sénégal). Mercredi 3 avril : Cuba, le sanctuaire des rythmes (USA, Cuba). Jeudi 4 avril : Angola, la terre des ancêtres (Angola). Vendredi 5 avril : Guadeloupe, le rappel des tambours (USA,). Samedi 6 avril : Mali, le souvenir du grand empire (Mali). Yayi Kanouté : chant ; Souleymane Tounkara : guitare ; invités: en cours. Dimanche 7 avril à 17h00 Cap Vert, l'archipel créole (USA, Cap Vert).

Musée Dapper - 35 bis, rue Paul Valéry, 75116 Paris - Réservations au 01 45 00 01 50

Paris - ***Théâtre de la Ville***

Le 13 avril à 20h30 : Musiques et danses du Mozambique. Silita, trio, deux timbilas (xylophones) et tambours, une voix féminine. José Mucavele, chant, guitare avec Zé Manel, voix et percussions. Danses et chants des femmes Macuas avec un ensemble de 5 percussions

Théâtre de la Ville - 2 place du Châtelet, 75004 - Tel : 0 1 42 74 22 77 www.theatredelaville-paris.com

Sannois - ***A l'EMB***

Le 12 avril : Mad Professor & Zion Train, le 19 avril : Guem.

EMB - 2 rue Georges Pompidou 95110 - 01 39 80 01 39 - Sannois

Noisy-le-Sec - ***Conférence - projection :***

5ème Complet Mandingue : Festival des arts africains en Côtes d'Armor
Du 13 au 23 Avril : St Brieuc à l'heure africaine !

De nombreuses manifestations qui mettent à l'honneur tous les arts durant tout le Festival et un grand concert le samedi 20 avril.
- Samedi 13 Avril : 20h30 - Cinéma Les Korrigans - Etables sur Mer : Korogho, Ballet - Côte d'Ivoire.

- Mardi 16 Avril 22H00 - Pub Le Skirnel - St Brieuc : Foli Doni, Percussions

- Mercredi 17 Avril 15H00 - Maison du peuple - St Brieuc : La Case de l'Oncle Tom, Spectacles de marionnettes - 20H00 - Maison du peuple - St Brieuc : N'Goyama le lion, Conte - Afrique du sud - 22H30 - Pub l'Illiade - St Brieuc : Diakalia Diarra, Chant, Kora et N'Goni - Burkina Faso

- Jeudi 18 Avril 19H00 - Bar Ar Gwezboell - St Brieuc : Sinke, Percussions trad. - Caen - 23H00 - Café del mar - St Brieuc : Foli Doni, Percussions trad.

- Vendredi 19 Avril 21H00 - Le Cotton Bar - St Brieuc :Big Steve Mc Craven & Black Studies, Afro Jazz - 23H00 - Bar "Près du soleil" - Etables sur mer : Korhogo, Ballet - Côte d'Ivoire

- Samedi 20 Avril Rues piètonnes et anciennes halles : Déambulations de Korhogo et spectacle de marionnettes La Case de l'Oncle Tom
Mardi 23 Avril Le 7ème art - Club 6 - St Brieuc : Projection du long métrage "l'Afrance" d'Alain Gomis.

- Le samedi 20 Avril 2002 Grand concert Mandingue / Salle de Robien / 19H00
14 en location / 17 sur place avec : Sona Diabaté - Griot / Guinée- Demissenwn - Ballet traditionnel / Côte d'Ivoire - Djoloff - Rap / Sénégal - Badenya Les frères Coulibaly - Traditionnel / Burkina Faso - Les frères de la rue - Reggae / Côte d'Ivoire

En parallèle de la promotion de la culture d'Afrique de l'Ouest, l'association travaille sur des projets d'aide au développement du village de Keur Sidy au nord du Sénégal.

Association Djabotu Binghi - 9 place de la Cité 22000 Saint Brieuc - tel : 02 96 60 49 79 - Fax : 02 96 60 49 76 - djabotu-binghi@wanadoo.fr

Le Raï

le 05 avril.

Conférence de l'anthropologue Marie Virolle et projection du film documentaire de Djamel Kelfaoui "La Mémoire du raï", à la médiathèque de Noisy-le-Sec.

http://www.mediatheque-noisylesec.org/mondarab/ - Médiathèque Roger Gouhier - 3 rue Jean Jaurès, 93130 Noisy-le-Sec. - Tél. : 01.49.42.67.19. - Email : info@mediatheque-noisylesec.org

Clermont-Ferrand - *Les concerts de la Coopérative de mai*

Le 13 avril : Nuttea, le 15 avril : Mad Professor + Zion Train, le 6 mai : Skatalites.

Marseille - *Au Moulin*

le 06 avril : Lokua Kanza

Tournée - *Mory Kante*

Le 1 avril : Cannes (6) Palais des Festivals de Cannes, le 8 avril : Paris 18 (75) Elysée Montmartre.

Tournée - *Pierre Akendengue*

le 3 avril : Douala, Cameroun, le 5 avril : Bangui, Centrafrique, le 10 avril : Bata, Guinée Equatoriale, le 13 avril : Malabo, Guinée Equatoriale, le 17 avril : Brazzaville, Congo, le 19 avril : Kinshasa, RDC, le 22 avril : Luanda, Angola, le 26 avril : Libreville, Gabon.

Tournée - *Méta*

Le 2 avril : Fnac Italie, Paris, le 2 avril : Divan du Monde, Paris, le 18 avril : Fnac Forum des halles, Paris, le 18 avril : Sept lézards, Le Mans, le 19 avril : Fnac du Mans, Le Mans, le 19 avril : Le Passeport du chochon vert, Le Mans.

Tournée - *Mad Professor*

Le 3 avril : Caen, BBC, le 4 avril : Limoges, Le Grand Zanzibar, le 5 avril : Chartres, festival, le 6 avril : Bordeaux, CAT, le 09 avril : Clermond-Ferrand, La Coopérative de Mai, le 10 avril : Genève, L' usine, le 12 avril : Sannois, EMB, le 13 avril : Poitiers, Le Confort Moderne, avec Zion Train et Kaly, le 16 avril : Strasbourg, La Laiterie, le 17 avril, L' Aéronef, le 18 avril : Paris, Le New Morning, le 19 avril : Lyon, Le Pezner, le 20 avril : Marseille, Le Sous- marin, le 25 avril : Grenoble, L'entrepôt, le 26 avril : Avignon, Les passagers du Zinc, le 27 avril : Forcalquier, Le Cri des Fourmis.

Tournée - *Salif Keita*

Le 5 avril : Les Ullis, le 9 avril : Courbevoie, du 16 au 18 avril : Paris, New Morning, le 19 avril : Tarbes, le 20 avril : La Rochelle.

Ouagadougou (Brukina) - Festival international Jazz à Ouaga

du 26 avril au 03 mai.

Conakry (Guinée) - *Festival Le Rap aussi*

du 01 au 16 avril.

De nombreux groupes de hip hop africain seront présents pour la deuxième édition du Festival de Hip Hop de Conakry. Du 1er au 16 avril : Ateliers et concerts. Le 13 avril : Grand concert au Stade du 28 sept. Le 6 avril : Concert au stade de Labé. Le 11 avril :Concert au stade de Kamsar

Tananarive (Madagascar) - *Festivals culturels en Océan Indien*

du 23 au 28 avril.

Le premier Festival culturel de l'Océan Indien présente un enjeu majeur pour les créateurs des cinq îles concernées : Maurice, Seychelles, Comores, La Réunion et Madagascar. Le Festival propose un marché des arts et vise ainsi à être un pôle de promotion et d'exportation de la création musicale et à la reconnaissance d'une identité culturelle indianocéanique.

New-York - *Great African Ball - Youssou N'Dour*

du 12 au 13 avril.

Hammerstein Ballroom - www.africanhypertext.com - New York

Photo

Bordeaux - *Itinéraires des photographes voyageurs - Quand tu aimes, il faut partir. Conakry*

du 02 au 27 avril.

Photographies de Marc Ambrogiani.

Porte 2a - 05 56 51 00 78 - http://www.web2a.com - Bordeaux

Marseille - *"Marseille-Alger, Alger-Marseille ressemblances & différences" Kamar Idir*

jusqu'au 17 avril.

Théâtre Carpe Diem - 89 impasse Delpech,

13003 - 04 91 91 52 22 - www.carpe-diem13.org

Johannesburg (Afrique du Sud) - *Récits des corps - Fight dance scenes by Karl Kugel*

jusqu'au 22 mai.

Karl Kugel, photographe réunionnais, expose au Museum Africa, son travail sur le corps, la lutte et la danse de combat en Afrique et dans l'Océan Indien.

www.ifas.org.za

Pluridisciplinaire

Strasbourg - *Février en Haïti : peinture, photographie, ferronnerie*

jusqu'au 14 avril.

Du conte avec Mimi Barthélémy, du cinéma avec des films de Raoul Peck, Rigoberto Lopez, Elsie Haas, des concerts d'Amos Coulanges, Ti-Coca, Dominique Sylvain. Et l'exposition "Images d'Haïti" autour des diverses tendances de l'art caraïbe.

Halle des Chars, La Laiterie, Centre Européen de la jeune création - rue du Hohwald, 67 000 Strasbourg - tel : 03 88 75 10 05

Conakry (Guinée) - *Carnaval pour enfants*

le 11 avril

Le Carnaval pour enfants de Conakry se déroulera le 11 avril 2002.

Poésie

Durban (Afrique du Sud) - *Poetry Africa*

du 29 avril au 05 mai

Festival international de poésie du 29 avril au 5 mai. Entre 25 et 30 poètes représentant environ 16 pays. Présentations et lectures nocturnes au théâtre Elizabeth Sneddon. Nombreuses autres activités : rencontre avec des groupes de poésie locaux, possibilité aux poètes amateurs de présenter leurs textes, musique et poésie, concours de poésie, séminaires et ateliers, poésie en prison, poésie avec les enfants de la rue, échanges dans les institutions et les écoles, événements spéciaux à Johannesburg et au Cap.

Théâtre Elizabeth Sneddon - www.und.ac.za/und/carts/

Abidjan (Côte d'Ivoire) - *Festival International de Poésie*

du 11 au 18 avril.

Organisé par AVAA (Arts Vivants d'Afrique et d'Ailleurs). Cette année le Festival de poésie d'Abidjan verra la participation de

Les Rencontres du Sud - Le Mois de la Jeune Photographie d'Abidjan
2ème édition
du 9 mars au 9 avril 2002

Exposition thématique : Photographie et Mariage

7 exposants : Philippe Dollo (France), Oscura (images d'ateliers sténopé), Encre Noire (France), Issa Diabaté (Côte d'Ivoire), Amah Rachel Boah (Côte d'Ivoire), Yvan Gnaman (France), Ananias Leki (Côte d'Ivoire).

3 expositions monographiques :
- Paul Kodjo (Côte d'Ivoire)
- Tendance Floue (collectif français)
- André Lützen (Allemagne).

Interventions : Simon Njami, Chab Touré, Tendance Floue.

Atelier : regard croisé sur Abidjan.

Animations : ouverture des Rencontres avec 4 stylistes ivoiriens,
diaporamas, Lionel Charrier / " Blessures invisibles ", Stéphan Zaubitzer / " Les Gros bras d'Abidjan ", André Lützen, Calvin Dondo, projection des documentaires de Kal Touré sur les Rencontres de Bamako.

Bernard Ascal (et de son groupe) qui met en musique des textes de poésie francophone. Partenaires du Festival : l'Institut Goethe, le Centre culturel Français et le Service de Coopération et d'Action Culturelle de l'Ambassade de France, le Groupe Univers, l'Institut National des Arts et d'Action Culturelle, l'Association Riche Afrique. Les poètes invités iront dans les établissements secondaires, à l'Université de Cocody, à l'école de théâtre et à l'école de musique. Deux soirées sont prévues à l'Institut Goethe, des débats et des montages poétiques dans le théâtre de verdure du CCF. Des récitals dans les maquis et lieux publics.Avec la participation de comédiens et poètes de Côte d'Ivoire, du Burkina Faso, du Togo, du Sénégal...

bonita@globeaccess.net - 225 05 81 11 35 - Yaya Savané - yayasavane@hotmail.com - 225 07 67 33 38 - Côte d'Ivoire

Théâtre

Paris - *La Tragédie d'Hamlet, Montée par Peter Brook*

jusqu'au 27 avril

La Tragédie d'Hamlet, Pièce de : William Shakespeare, Montée par : Peter Brook, Avec : Emile Abossolo-Mbo, Maurice Bénichou, Rachid Djaïdani, Kathryn Hunter, Julio Manrique, William Nadylam, Asil Raïs, Véronique Sacri

Bouffes du Nord - 75010 - Paris

Cergy-Pontoise - *Malcom X de Mohamed Rouabhi*

du 12 au 13 avril.

Compagnie les Acharnés. Le discours de Malcolm X, défendant la thèse d'un Etat noir-américain indépendant, est livré ici dans une mise en scène où le hip hop apporte une résonnance contemporaine à sa parole.

Théâtre des Arts, 01 34 20 14 14 ou Théâtre de Louvrais, 01 30 17 00 31 - scène nationale de Cergy-Pontoise et du Val d'Oise

Paris - *Bala Fola par la Cie de l'Uppercut*

du 17 avril au 04 mai.

Contes Burkinabés pour trois comédiens et un musicien.

Confluences - 190, bd de Charonne 75020 Paris - M Alexandre Dumas - 01 40 24 16 34 - www.confluences.net - info@confluences.net

Paris - *Dieudonné, Cocorico ! À Bobino*

jusqu'au 27 avril

Le nouveau spectacle de Dieudonné retrace le parcours d'un clown qui se présente à l'élection présidentielle et qui va se confonter au jeu du pouvoir. A l'affiche du 7 février au 27 avril 2002. A 20h30 du mardi au samedi.

Bobino - 20, rue de la Gaîté 75 014 Paris - 01 43 27 75 75 - 08 92 70 25 02

Fresnes - *Le Retour de Bougouniéré, Par L'Atelier de Bamako*

Du 04 au 05 avril.

Après une adaptation remarquée d'Antigone, l'équipe de L'Atelier de Bamako plonge ainsi dans les racines du comique mandingue.

Murmures - avril 2002

Arts plastiques

Livre d'art - Adam Biro publie l'ouvrage : "Iba Ndiaye. Peintre entre continents : Painter between continents" de Okwui ENWEZOR, Franz-W KAISER

Restitution d'œuvres d'art - L'État français, vient de reconnaître la propriété de trois oeuvres Nok et Sokoto à la République fédérale du Nigeria. Acquises en 1999, par la France pour le futur musée du Quai Branly, ces pièces font partie des 8 catégories d'objets archéologiques inscrites sur la Liste Rouge de l'ICOM. Comme tels ils sont considérés comme étant parmi les biens culturels les plus touchés par le pillage et le vol. Protégés par les législations de leurs pays, ces objets sont interdits d'exportation et ne doivent en aucun cas être vendus ou achetés. Le Nigeria a accepté, en échange de cette reconnaissance de propriété, la mise en dépôt de ces 3 objets, pour une durée, particulièrement longue, de 25 ans (renouvelable), dans les lieux d'exposition permanents du musée du quai Branly. Le 16 décembre dernier, a également été restitué au Burkina Faso une statuette en pierre qui se trouvait dans une collection privée en Allemagne. Volée en 1991, cette pièce avait été publiée en 1994 dans l'ouvrage de l'ICOM Cent objets disparus. Pillage en Afrique. Ces types de statuettes sont également inscrits sur la Liste Rouge de l'ICOM sous la catégorie, "Statues en Pierre du Nord du Burkina Faso". Beaucoup d'autres objets de la Liste Rouge circulent toujours sur le marché de l'art international et l'Afrique n'est pas le seul continent victime de ces trafics. http://www.icom.org

Cinéma

Sia sur le web - Le site officiel du film "Sia, le rêve du python" du cinéaste burkinabé Dani Kouyaté est maintenant ouvert. Pour le découvrir, rendez-vous à l'adresse suivante: http://www.sialefilm.com/

Afrique du Sud - Will Smith s'est rendu en Afrique du Sud pour la promotion du film Ali. Nelson Mandela, lui-même ancien boxeur, a tenu à assister à la première. Certaines scènes du film ont été tournées à Maputo avec de nombreux figurants sud-africains. Le film a coûté 100 millions de dollars.

Festival : Appel à candidature - FICA Environmental Film Festival, 5 - 9 June 2002, Goias, Brazil. www.fica.art.br

Festival : Appel à candidature - REVelation Perth International Film Festival, Perth (Western Australia), June 20-30, 2002. http://www.revelationfillmfest.org

Appel à candidature pour le Fonds francophone de production audiovisuelle du Sud - La 2e session 02 d'attribution de ce fond géré par l'Agence Intergouvernementale de la Francophonie aura lieu durant la première quinzaine de juillet. Le Fonds qui porte d'abord sur l'aide à la production de films de tous formats pour le cinéma et la télévision concerne aussi l'aide à la finition et à la distribution. Date limite de dépôt des dossiers : 30 avril 2002

Annuaire africain du film et de la télévision - Africa Film & Tv 2001 yearbook directory. L'annuaire complet africain du film et de la télévision est à retrouver sur www.africafilmtv.com

Court métrage et vidéo : nouvelles tendances - La dernière édition du Festival du court métrage de Clermont-Ferrand 2002 est venue confirmer l'intérêt des cinéastes africains pour le court métrage, avec la présence dans la compétition internationale de deux films du Burkina Faso, tournés en 35 mm : "Le Retour de la main habile" de Tasséré Ouedraogo et "Bintou" de Fanta Régina Nacro, qui a obtenu le Prix spécial du jury. Autre tendance, celle de la vidéo, comme en témoignent les programmes présentés en marge de la compétition : "Steps for the future", une série documentaire sur le sida, coproduite par la société française Dominant 7 ; ou encore "Sondja", une fiction de 50 mn, réalisée par Maurice

Kaboré. L'emploi de la vidéo confirme aussi l'émergence de nouveaux auteurs : Antoine Yougbaré pointe l'adultère dans "l'arbre et l'écorceé (Burkina Faso) et Baye Kebson Kebe (Sénégal) se fait connaître avec "Hamady", récit du quotidien des petits sénégalais. Source : Ecrans Nord-Sud www.ecrans-nord-sud.com

Amandla ! parmi les gagnants du prix Sundance 2002. Amandla! A Revolution in Four Part Harmony, produit par Desiree Markgraaff de la SA company, co-produit par Bomb avec Kwela Films (LA) et avec le soutien de la SABC2 comme diffuseur local, a gagné deux prix lors de l'édition 2002 du festival du film de Sundance. Le film a remporté le prix du documentaire ainsi que le prix de la liberté d'expression. Le film a été réalisé par Lee Hirsch, un jeune américain qui a contacté Markgraaff avec le rêve de réaliser un film sur le pouvoir de la chanson sur la libération en Afrique du sud. Ces récompenses devraient garantir au film un passage en salles mérité.

Palmarès Annual Pan African Film & Arts Festival : Le 10th Annual Pan African Film & Arts Festival, Los Angeles, s'est terminé le 18 février avec plus des 140 films projetés. Best Feature: Karmen Gei (Senegal/France/Canada), Director: J. Gay Ramaka. Best First Feature-Director: Vanessa Middleton, Thirty Years to Life. Best Documentary: Two Towns of Jasper (US). Directors: Marco Williams & Whitney Dow. Best Short: Ubuntu's Wounds (US/South Africa). Director: Sechaba Morojele. Jury Award: Crazy as Hell (US). Director: Eriq La Salle. Audience Favorite: Harlem Aria (US). Director: William Jennings. Vision Award(s): Bilalian (US/Senegal/Canada), Director: Aminah Abdul Jabbaar, Kali's Vibe (US), Director: Shari Carpenter, Bloody Crisis (US/Liberia), Director: Gerald K. Barclay, Sia: The Dream Of The Python (Burkino Faso), Director: Dani Kouyate, Autonomous Soul (US), Director: Derek Shimoda. Special Recognition: Fidel (Cuba), Director: Estela Bravo. Amandla! A Revolution in Four Part Harmony (US/South Africa), Director: Lee Hirsch. Ralph Ellison: An American Journey (US), Director: Avon Kirkland. Festival Award: All About You (US), Director: Christine Swanson.

Série de films sur le phénomène Adoras - collection de romans paraissant chaque mois chez l'éditeur NEI (Nouvelles Editions Ivoiriennes). Dialogue production, société ivoirienne de production audiovisuelle, a produit en 2001 un premier film tiré de cette collection. Intitulé Cache Cache d'Amour, le film a été diffusé et largement rediffusé depuis par la quasi totalité des télévisions francophones subsahariennes. L'action du prochain film tiré de la collection Adoras se déroule entre Abidjan, Dakar et Paris. Intitulé Le Pari de l'Amour, ce film relate de l'histoire d'une petite coiffeuse ivoirienne qui découvre la fortune, l'amour et le show-biz après avoir gagné au tiercé. Le tournage démarre en mars à Paris avec à l'affiche un surprenant bouquet de vedettes africaines, à commencer par les top modèles ivoiriens qui défilent pour les grands couturiers parisiens. info@dialprod.com ou dialprod@globeaccess.net - (source : African Film & TV).

Sénégal : Un comité Libérer Karmen, libererkarmen@hotmail.com - a été créé pour soutenir le film du cinéaste sénégalais Jo Gaye Ramako censuré au Sénégal depuis le 8 septembre 2001, en raison du poème religieux ("xasaayid") utilisé durant la scène de l'enterrement de la gardienne de prison. Rappelons que ce personnage se suicide dans le film. C'est le poème Kalamoune (de Cheikh Ahmadou Bamba, fondateur de la confrérie musulmane des Mourides) qui a servi de prétexte à la censure que le gouvernement sénégalais appelle pudiquement "suspension". Ramaka a porté plainte et le procès devait avoir lieu le 19 février 2002 à Dakar.

Denzel Washington travaille actuellement, une fois n'est pas coutume, sur un projet de comédie avec Eddie Murphy. Son dernier film, John Q sort en salles le 6 mars 2002.

Le prix Wolfgang Staudte a été attribué au festival de Berlin à Wesh Wesh, Qu´est-ce qui se passe ? de Rabah Ameur-Zaimeche, qui va bientôt sortir sur les écrans français.

Palmarès du 24ème festival du Court Métrage de Clermont-Ferrand - Le Prix Spécial du Jury revient à "Bintou", de Fanta Régina Nacro [Zimbabwe/France/Burkina Faso]. www.clermont-filmfest.com

Burkina Faso - D'après nos sources, le thème du Fespaco 2003 (festival panafricain du film de Ouagadougou) vient d'être déterminé : "Le comédien dans la création et la promotion du cinéma africain". Une bonne nouvelle, vu le peu de place accordé jusqu'ici aux comédiens dans la promotion des films.

Musique - News

Le Hall de la chanson : un site de découverte des chansons africaines - Le Centre national du patrimoine de la chanson, des variétés et des musiques actuelles, lance son site www.lehall.com. Toute une partie, graphiquement superbe, se consacre aux diverses musiques d'Afrique. Une ballade sonore entre les diverses régions et courants musicaux présente les artistes et leurs musiques.

Lulendo - Le site de l'artiste angolais Lulendo propose actualités et biographie de l'artiste, d'écouter des morceaux, de parler avec Lulendo, de commander l'album ou encore de voir le clip du titre "A qui profite le crime ?" entièrement réalisé en flash ! www.lulendo.com

Littérature / Edition

Contes Africains - La Palabre, la lettre d'information du site Conteafricains.com est arrivée. Le site largement consacré depuis plus d'un an aux contes d'Afrique se dote désormais d'une lettre d'information. Celle-ci indique les nouveautés du site : nouveaux contes, les nouveaux liens, les dernières adresses enregistrées, ainsi que les dates à retenir. Inscription sur : www.contesafricains.com

Bulletin lusophone - Le cercle des Etudes sur l'Afrique (NESA), du Centre interdisciplinaire d'histoire, des cultures et sociétés - Université d'Evora, Portugal - publie un bulletin d'information sur les colloques, conférences, parutions en rapport avec les cultures africaines, et plus particulièrement lusophones. nesa@uevora.pt

Concours : Appel à candidature - La plume guyanaise, Association culturelle et littéraire des communautés guyanaises lance le Prix littéraire "Prix du marronnage" récompensant une nouvelle dont le thème général est celui de "la résistance devant une situation moralement inacceptable ". laplumeguyanaise@wanadoo.fr

Foire de Dakar - La 8e édition de la Foire Internationale du Livre et du matériel didactique de Dakar (FILDAK) aura lieu au CICES du 2 au 7 mai 2002. bns@primature.sn

L'Atlas des langues en péril dans le monde : L'Atlas des langues en péril dans le monde a été présenté à l'UNESCO le 21 Février, à l'occasion de la Journée internationale de la langue maternelle. Il comporte des informations sur la situation des langues africaines, auxquelles l'Atlas (pour l'instant disponible en anglais) consacre une place importante. La moitié environ des quelque 6000 langues parlées dans le monde sont menacées de disparition, à des degrés divers. Au cours des trois siècles derniers, des langues se sont éteintes ou ont disparu dans des proportions dramatiques et à un rythme sans cesse croissant, en particulier en Amérique et en Australie. Aujourd'hui, au moins 3000 langues sont menacées dans de nombreuses régions du monde. Les linguistes considèrent généralement que la langue d'une communauté est en danger lorsque plus de 30% des enfants de cette communauté ont cessé de l'apprendre. L'Afrique est sans doute le continent le plus mal connu sur le plan linguistique. L'Atlas estime que sur 1400 langues locales, au moins 250 sont menacées et 500 à 600 sur le déclin. Le Nigeria et les pays de l'est du continent (Ethiopie, Kenya, Ouganda, Tanzanie, Soudan) sont les deux points chauds où la densité des langues moribondes ou gravement menacées est la plus forte. http://www.unesco.org/opi/fre/unescopresse/2002/jilm.shtml

Prix littéraires

Maïssa Bey (Algérie) : prix Marguerite-Audoux 2001 pour "Cette fille-là" (Ed. de l'Aube).

Leïla Marouane (Algérie) et Nimrod (Tchad) : Bourse Thyde Monnier 2001 de la Société des Gens de Lettres pour leurs romans "Le Châtiment des hypocrites" (Seuil) et "Les Jambes d'Alice" (Actes Sud).

Sumajja Ramadân (Egypte) : prix Nagib-Machfus du roman pour "Les feuilles du narcisse" (Aurâq al-nardschiss, 2001).

Yasmine Khlat (Egypte) : prix des Cinq continents décerné au 10ème Salon du Livre de Beyrouth en nov. 2001 pour son premier roman "Le désespoir est son péché".

Mahi Binebine (Maroc) : prix de la Solidarité franco-arabe 2001 pour son roman "Pollens" (Fayard).

Mahmud Amin al Alem (Egypte, 79 ans) : prix Ibn-Ruschd de Berlin pour son engagement pour la liberté de pensée dans le monde islamique. Il dirige le journal culturel Qadaya fikriya (Problèmes de la pensée) et est l'auteur de nombreux livres.

Zoë Wicomb (Afrique du Sud) : prix M-Net du livre anglais pour son roman "David's Story" (Kwela Books, Le Cap).

Gillian Slovo (Afrique du Sud) : prix RFI-Témoin du monde.

Jenny Robson (Afrique du Sud) : prix Noma de la publication en Afrique pour "Because Pula Means Rain" (Tafelberg, Le Cap).

Nuruddin Farah (Somalie) : prix italien Premio Mondello pour "Dons".

Chris Abani (Nigeria/USA) : prix Prince Claus 2001.

Vera Duarte (Cap-Vert) : prix Tchicaya U Tam'si 2001 de poésie africaine pour son deuxième receuil "O Arquipélago da paixão" (l'archipel du désir).

(source : Literaturnachrichten 72)

Photos

Cent photojournalistes photographient l'Afrique - Cent des plus célèbres photojournalistes du monde, représentant 25 pays, ont photographié le même jour, le 28 février, l'ensemble du continent africain, soit 53 pays de l'Algérie à l'Afrique du Sud, du Nigeria à l'Afrique. Les meilleures photos seront publiées dans "A day in the life of Africa", ("un jour dans la vie de l'Afrique") qui sera un livre, un site Internet et une exposition itinérante qui "représentera la vision la plus large jamais représentée sur l'Afrique".

Théâtre

Festival : appel à candidature - La septième édition du Festival de Théâtre de la Fraternité (FESTHEF) se tiendra à Assahoun (Togo) du 23 au 30 août 2002. Le Festhef 2002 dévoilera au public, les meilleurs crus de la création dramatique africaine de la saison 2001-2002. En vue de collaborer à la programmation de ce événement continental qui accueillera également des artistes d'Europe et des Amériques (Belgique, France, Canada, Etats-Unis), la Direction du Festhef lance un appel aux opérateurs des pays suivants en vue de faire des propositions de spectacles : Bénin, Burkina Faso, Centrafrique, Congo, Côte d'Ivoire, Gabon, Mali, Niger, Sénégal, Tchad et Togo. http://festhef.togo-ip.com

- Appel à candidature festival Maroc : 1er festival international du théâtre rural village Maaziz, région Khemisset, maroc, du 20 au 26 mai 2002 sous le thème : "vers une communication entre civilisations". Les conditions de participation : que la troupe soit rurale, le nombre des participants ne dépasse pas 10 (dix) personnes, la pièce ne dépasse pas 1h15mn, l avant le 5 avril à "théâtre du village - Dar Takafa- Maaziz 15050 Maroc " ou theatreduvillage@mail2morocco.com

Africultures

n°1	oct.97	La Critique en questions
n°2	nov.97	Les Africaines
n°3	déc. 97	L'image de l'Autre
n°4	janv.98	Afriques du Sud méconnues
n°5	fév. 98	Jeunes créateurs africains
n°6	mars 98	L'esclavage aboli ?
n°7	avril 98	Les Grands Lacs et après
n°8	mai 98	Musiques Caraïbes : la trace noire
n°9	juin 98	Cinémas mémoire
n°10	sept. 98	Théâtres en écritures
n°11	oct. 98	L'esclavage en Afrique
n°12	nov. 98	Rires d'Afrique
n°13	déc. 98	Africanité du Maghreb
n°14	janv. 99	Produire en Afrique
n°15	fév. 99	L'écrivain face à l'exil
n°16	mars 99	Artistes africains du Québec
n°17	avril 99	Cuba l'Africaine
n°18	mai 99	Nouvelles créations africaines
n°19	juin 99	Le Corps africain
n°20	sept 99	La traite : un tabou en Afrique ?
n°21	oct. 99	Culture hip-hop
n°22	nov. 99	Créations africaines pour la jeunesse
n°23	déc. 99	Internet en Afrique
n°24	jan. 00	Que peut la poésie aujourd'hui ?
n°25	fév. 00	Tirailleurs sénégalais
n°26	mars 00	Afriques lusophones
n°27	avril 00	Acteurs noirs
n°28	mai 00	Postcolonialisme : inventaire et débats
n°29	juin 00	Musique et business
n°30	sept. 00	Rwanda 2000 : mémoires d'avenir
n°31	oct. 00	Pistes pour le Bénin
n°32	nov. 00	La Bande dessinée africaine
n°33	déc. 00	L'impact des chasseurs
n°34	janv 01	Brésil noir
n°35	fév 01	Masculin/féminin
n°36	mars 01	Gabon culture ?
n°37	avril 01	La geste musicale dans les cinémas noirs
n°38	mai 01	Arts vivants d'Afrique
n°39	juin 01	Photograph(i)es d'Afrique
n°40	sept. 01	Une nouvelle Afrique du Sud ?
n°41	oct. 01	L'Africanité en questions
n°42	nov. 01	La danse africaine contemporaine
n°43	déc. 01	La colonie revisitée
n°44	janv. 02	New York noire
n°45	fév. 02	Cinéma : l'exception africaine
n°46	mars 02	Renaissance congolaise

Vente au numéro : 9,15 en librairie ou à commander (+ port 1,22 E.) à L'Harmattan

Thèmes à venir : Tendances plasticiennes, Logiques urbaines à Kinshasa, Francis Bebey, La diversité ivoirienne, Mali, la mondialisation culturelle, Haïti, la publicité et l'Afrique, la transe, le sacré, l'humanitaire, l'insularité, la coopération culturelle, le recyclage, l'oralité, le désert, la représentation du Blanc dans les arts africains, les Antilles noires, le sida, les journaux africains, Comores, satire et caricature, associations et diaspora, Cameroun, Instruments de musique africains, la sculpture africaine, Madagascar, l'autonomie de l'art, les métissages, la solidarité, L'édition africaine, etc.

Achevé d'imprimer par Corlet, Imprimeur, S.A. - 14110 Condé-sur-Noireau (France)
N° d'Imprimeur : 58026 - Dépôt légal : mars 2002 - *Imprimé en U.E.*